改訂版

すきま時間で学ぶ

介護リーダーの
リスクマネジメント
ハンドブック

〔監修〕介護サービスの人材育成研究会・リスクマネジメント部会

第一法規

はじめに

　本書は、本格的な少子高齢時代を迎え、人材の育成・確保が介護現場の大きな課題となる中、経営層と現場の介護スタッフをつなぐ現場の中核となる介護リーダーの皆さんに、介護現場で必要となるさまざまなリスクマネジメントの視点を学んでいただくことを目指しています。

　本書の特徴は次の2つです。

　特徴1：UNIT1では、介護リーダーの役割や介護リーダーとして必要な法制度の基礎知識をわかりやすく解説しています。

　特徴2：UNIT2〜UNIT5では、具体的なリスクマネジメントの事例をとおして、介護現場で必須な気づきを学び、リスク発生予防につなげることを目的としています。

　各UNITは 事例 と 解説 で構成されています。新任介護リーダー山口さんを主人公に、冒頭で各テーマに沿ったリスクマネジメント事例を紹介しています（UNIT1は解説のみです）。山口さんの体験する事例は、読者の皆さんにとっても身近な事例ですから、日頃の業務に当てはめて考えてみてください。

　 解説 では、 事例 に対して問題が起こってしまった原因を検証し、山口さんは介護リーダーとして何が足りなかったのか、どのような視点が必要だったのかを考えます。

　さらに、学習のポイント では、事例のような場面において、「リスクを予防するためにはどのような知識・スキルが必要なのか」という視点から、介護リーダーに求められる知識や対応を解説していきます。

　介護リーダーの皆さんが、日々の業務のさまざまな場面でリスクに直面したとき、本書を解決のヒントとしてお役に立てていただければ幸いです。

　　　　　　　　　　　　　介護サービスの人材育成研究会・リスクマネジメント部会

目　次

UNIT 1　介護リーダーの役割

1　介護リーダーが知っておくべき介護保険の基礎知識 ……………… 2

2　組織における介護リーダーの役割 ………………………………… 10

3　介護リーダーに必要な人事労務の知識 …………………………… 15

4　介護リーダーが知っておくべき人材確保と介護職員の育成 …… 23

UNIT 2　チーム運営

1　介護リーダーが知っておくべきチーム運営のポイント ………… 30

2　上手なコーチングの進め方 ………………………………………… 37

3　介護リーダーが知っておくべき職員のメンタルヘルス ………… 44

UNIT 3　コミュニケーション

1　利用者および家族とのコミュニケーションのとり方 ················ 52

2　接　遇 ··· 59

3　職員とのコミュニケーションのとり方 ································· 66

4　上司とのコミュニケーションのとり方 ································· 73

UNIT 4　介護現場のリスク対応

1　医行為と多職種連携 ··· 80

2　認知症に対する適切なケア ·· 90

3　身体拘束とは ··· 101

4　介護事故への対応 ·· 110

UNIT 5　法制度理解

1　個人情報保護 ··· 120

2　高齢者権利擁護の知識 ·· 130

3　虐待への知識と気付き ·· 141

登場人物

山口さん
介護キャリア4年程度の
新任介護リーダー
早く一人前の介護リーダー
になれるよう奮闘中！

松本さん　**井上さん**
山口さんのチームの介護職員

介護部長
山口さんの上司

木村さん
山口さんのチームの介護職員

橋本さん　**木下さん**
山口さんのチームの介護職員

UNIT 1

介護リーダーの役割

UNIT 1　介護リーダーの役割

1　介護リーダーが知っておくべき介護保険の基礎知識

1　介護保険の目的

> **介護保険法の第1条（一部省略）**
>
> 加齢に伴って生ずる心身の変化に起因する疾病等により要介護状態となり、入浴、排せつ、食事等の介護、機能訓練並びに看護及び療養上の管理その他の医療を要する者等について、これらの者が尊厳を保持し、その有する能力に応じ自立した日常生活を営むことができるよう、必要な保健医療サービス及び福祉サービスに係る給付を行うため、国民の共同連帯の理念に基づき介護保険制度を設け、（略）、国民の保健医療の向上及び福祉の増進を図ることを目的とする。

介護保険は、介護が必要になった人が、介護サービスを利用しながら安心して生活できるように、社会全体で支えあっていく制度です。

- 介護の社会的支援
- 要介護者の自立支援
- 利用者本位とサービスの総合化
- 社会保険方式による利用契約制度

介護保険法の第1条に、要介護者の「尊厳を保持し、その有する能力に応じ自立した日常生活を営むことができるよう」サービスを提供し、「国民の保健医療の向上及び福祉の増進を図ることを目的とする」と定めています。

介護保険を理解する上での主なキーワー

社会全体で支え合う

ドは、「介護の社会的支援」、「要介護者の自立支援」、「利用者本位とサービスの総合化」、「社会保険方式による利用契約制度」の4つです。

2 介護保険の創設の歴史

わが国の介護政策は、1963（昭和38）年に制定された老人福祉法から始まります。この老人福祉法で、常時介護を必要とする高齢者が入所できる特別養護老人ホームや、のちにホームヘルパーと呼ばれる家庭奉仕員の派遣制度が創設されました。

高齢化の進行とともに、介護サービスに対するニーズが高まり、1989（平成元）年12月には高齢者保健福祉推進十か年戦略（ゴールドプラン）が制定され、90年代の10年間に、在宅・施設サービスなどの高齢者介護の基盤整備が計画的に進められることになりました。

さらに、90年代半ばに、21世紀の本格的な高齢社会を見据えて、介護保険制度創設の検討が始まり、国会で約1年間の議論を経て、1997（平成9）年12月、介護保険法が制定されました。介護保険法の施行は、2000（平成12）年4月でした。

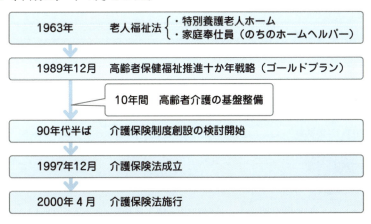

UNIT 1 介護リーダーの役割

3 措置から契約へ

　介護保険は、我が国の社会福祉に大きな変革をもたらしました。その最も大きな変化が、「措置から契約へ」と呼ばれるサービス利用方式の変更です。

措置制度　…行政機関が主体
　問題点
　・利用者の権利性が乏しい
　・サービス内容・提供者を選択できない

↓

契約制度　…利用者が主体⇒利用者本位の仕組みへ
　改善点
　・利用者の権利性が高い
　・サービス内容・提供者を選択できる

　従来の老人福祉制度では、行政機関が主体となって行政処分としてサービス提供を決定する「措置制度」という仕組みで行われていました。

　しかし、この制度では、サービス利用にあたって利用者の権利性が乏しい、サービス内容・提供者を選択できない等の問題がありました。そこで、介護保険では、サービス利用の権利性を高めること、サービス内容・提供者を選択でき、利用者本位の仕組みとすること等の観点から、利用者が事業者と契約を結んでサービスを利用する「契約制度」に改められました。

4 介護保険制度の概要

① 保険者

　市町村及び特別区（東京都23区）のことをいいます。

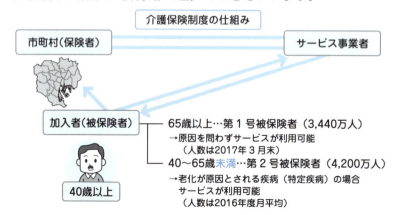

介護保険制度の仕組み

市町村（保険者）　　サービス事業者

加入者（被保険者）
　　65歳以上…第1号被保険者（3,440万人）
　　　→原因を問わずサービスが利用可能
　　　　（人数は2017年3月末）
　　40〜65歳未満…第2号被保険者（4,200万人）
　　　→老化が原因とされる疾病（特定疾病）の場合
　　　　サービスが利用可能
　　　　（人数は2016年度月平均）

40歳以上

② 被保険者

40歳以上の人をいいます。65歳以上の人は第1号被保険者とされ、原因を問わず介護サービスが利用できます。

40歳以上65歳未満の医療保険加入者は第2号被保険者とされ、老化が原因とされる疾病（特定疾病〔全部で16種類〕）で介護が必要になった場合、介護サービスを利用できます。

③ 保険料の納め方

第1号被保険者は、市町村保険者単位で保険料が設定されます。年金が年額18万円以上の人は年金から差し引かれ、年額18万円未満の人は直接、市町村に納めます。第2号被保険者の場合は、医療保険者が医療保険料と合わせて介護保険料を徴収します。

この介護保険料は社会保険診療報酬支払基金に集められ、支払基金から各市町村保険者に交付されます。

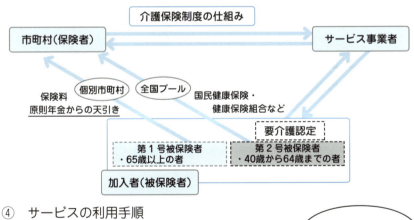

④ サービスの利用手順

まず、本人または家族が市町村に要支援・要介護認定の申請をします。市町村職員が本人に対して訪問調査をし、コンピュータによる1次判定、介護認定審査会による2次判定を経て、要支援

1・2、要介護1～5、非該当の8つの区分に分けて認定されます。
　要支援者とは、要介護状態となるおそれがあり、日常生活に支援が必要な人です。要介護者とは、寝たきりや認知症等で介護サービスが必要な人です。

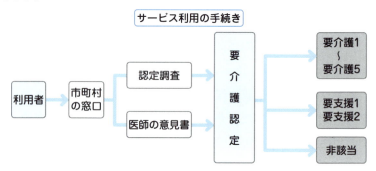

⑤　サービスを利用する際の手続き
　要介護1～5の場合には、居宅サービス、地域密着型サービスと施設サービスを利用できます。要支援1・2の場合には、居宅サービスと地域密着型サービスを利用でき、施設サービスは利用できません。居宅サービスと地域密着型サービスを利用する場合は、基本的に、居宅介護支援事業者に依頼をし、ケアマネジャー（介護支援専門員）にケアプラン（介護サービス計画）を作成してもらった上で、事業者と契約をしてサービスを利用します。
　介護予防ケアプランは、基本的に地域包括支援センターで作成します。
　なお、要支援者に対する訪問介護と通所介護は、2017（平成29）年度以降、市町村の地域支援事業に移行されました。

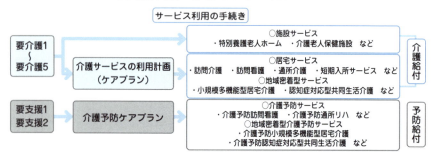

⑥　利用者負担

　利用者負担は1割（一定以上の所得者は2割または3割）です。ただし、要介護状態区分に応じた上限（支給限度額）を超えるサービスを利用したときは、超えた部分は全額自己負担となります。なお、ケアプラン（介護サービス計画）の作成には、利用者負担はありません。

　施設サービスの場合には、利用者負担以外に、食費と光熱水費、日常生活費は、自己負担となります。1か月の利用者負担が一定額を超えて高額となったときには、高額部分について保険から支払われる高額介護サービス費制度があります。

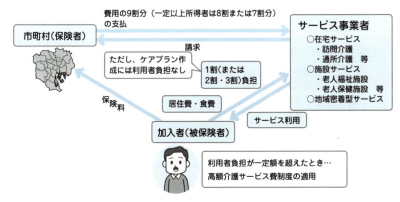

⑦　財源構成

　利用者負担以外の保険給付費に対する財源構成は、公費と保険料が50％ずつです。公費負担の部分の負担割合は、居宅給付費の場合は、国が25％、都道府県と市町村が各12.5％です。施設等給付の場合は、国が20％、都道府県が17.5％、市町村が12.5％です。

　2018（平成30）年度予算では、介護保険の給付費は、10兆2,538億円、公費負担、保険料負担は各5兆1,269億円でした。また、2018（平成30）年度から2020年度の間の第1号被保険者の保険料負担は、全国平均で月額5,869円となっています。

UNIT 1 介護リーダーの役割

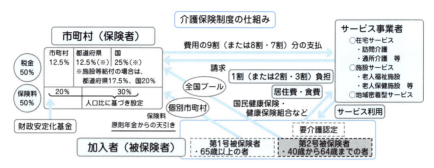

5 介護保険実施後の主な制度改正

介護保険実施後の主な制度改正は、次のとおりです。

```
軽度の要介護者
が増加
    ↓
2005（平成17）年改正　介護予防重視型システムへの転換
    ↓ 介護予防に力点、地域支援事業の創設
      地域密着型サービス・地域包括支援センター創設
介護事業者の
不正行為
    ↓
2008（平成20）年改正　業務管理体制の整備、監視・指導・監督権限の強化
    ↓
2011（平成23）年改正　「地域包括ケアシステム」の実現に向けた改正
    ↓
2014（平成26）年改正　「地域包括ケアシステム」の構築と費用負担の公平化
                     に向けた改正
    ↓
2017（平成29）年改正　「地域包括ケアシステム」の深化・推進と制度の持続
                     可能性の確保に向けた改正
```

① 2005（平成17）年改正

　軽度の要介護者が増加している状況から、要介護状態の改善や悪化防止のための介護予防重視型システムへの転換が図られました。要支援者に対しては、介護予防に力点を置いたサービスにするとともに、地域支援事業を創設し、要支援・要介護状態になる前からの介護予防を推進す

ることになりました。また、小規模多機能型居宅介護等の地域密着型サービスや地域包括支援センターが創設されました。

② 2008（平成20）年改正

　介護事業者の不正請求や人員配置・施設基準違反の行為等が増加したことから、介護事業者不正事案の再発防止と介護事業運営の適正化を図るため、介護事業者の法令遵守等の業務管理体制の整備や、国や地方自治体の監視・指導・監督権限の強化等が行われることになりました。

③ 2011（平成23）年改正

　24時間対応の定期巡回・随時対応型サービスの創設や、介護職員等によるたんの吸引等の実施を可能とするなど、「地域包括ケアシステム」（地域の実情に応じて、高齢者が可能な限り、住み慣れた地域でその有する能力に応じ自立した日常生活を営むことができるよう、医療、介護、介護予防、住まい、及び日常生活の支援が包括的に確保される体制。）の実現に向けた制度改正が行われました。

なるほど～。制度ができた後も、実情や明らかになった問題点に対応するために法律を改正して、実態に合った制度にしているのね。

④ 2014（平成26）年改正

　地域包括ケアシステムの構築と費用負担の公平化に向けて、在宅医療・介護の連携の推進、認知症施策の推進、要支援者への予防給付（訪問介護と通所介護）を地域支援事業へ移行、特別養護老人ホームの新規入所者を原則として要介護3以上に限定、一定以上所得者の利用者負担を2割に引上げ、補足給付の要件に資産を追加などの改正が行われました。

⑤ 2017（平成29）年改正

　地域包括ケアシステムの深化・推進のために、自立支援、重度化防止に向けた保険者機能の強化等の取組みの推進、介護医療院の創設など、制度の持続可能性の確保のために、所得の高い層の利用者負担を3割に引上げ、介護納付金への総報酬割の導入などの改正が行われました。

UNIT 1　介護リーダーの役割

2　組織における介護リーダーの役割

1　介護リーダーに期待される役割とは何か

　役割とは、「役」という責任・権限を「割」りふったものということができます。ということは、役割を明確にするためには、それぞれの職務の責任や権限を明らかにする必要があるということになります。

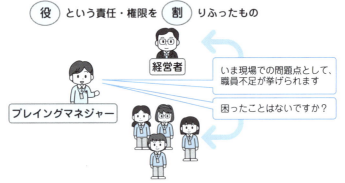

　では、介護リーダーの役割とは何でしょうか。介護リーダーはいわば、プレイングマネジャーです。プレイングマネジャーは、経営層と現場の職員の間に立つ中間的な存在です。現場の職員に対しては、法人や施設の理念に基づいて、利用者に質の高いサービス提供ができるように、介護職員をまとめたり、また、職員がやりがいをもって働けるような職場環境づくりや、一歩下がったところから職員を見守ってサポートしたりします。一方、上司に対しては介護現場の状況を必要に応じてきちんと報告・相談することなどが挙げられます。

　介護の仕事では個々人が利用者に接するために、自分なりのやり方や

方法論に固執するところもあります。

そこで、個人個人のやり方をまとめ、チームとして、組織として標準化していく必要があります。そうしないと、サービスにばらつきができ、サービスの質を担保できなくなります。

介護リーダーがその役割をきちんと果たせなければ、チームや組織としてまとまらず、目の前の業務がスムーズに回らないばかりか、サービスの質の低下を招き、それがひいては法人や施設の評価にも重大な悪影響を及ぼすことになります。

2 チームや組織を機能させるために

介護リーダーは、介護という業務をチームとして、組織としてスムーズに進める中心的存在にならなければなりません。

そのためには、職員に注意をしたり、反省させたり、やり方を改めさせたりするなど、職員に対して厳しい対応をする場面もあります。また、仕事の心構えを一から教えなければならないこともあります。嫌な役回りだと思うかもしれませんが、誰かがそれをしなければ、物事は安易な方向に流れ、まとめることができなくなってしまいます。

介護リーダーとは、皆の支柱となるべき役割を担っているのです。そのような存在があってこそ、チームや組織がきちんと機能するというこ

UNIT 1 介護リーダーの役割

とを認識しましょう。

3 他者を活かして、仕事をすすめるために

　リーダーになると、「職員には厳しい対応をしなければいけない」というプレッシャーを感じるかもしれません。

　しかし、その前に必要なことは、日頃から職員の状況や業務全体の流れのなかでの果たすべき役割などをしっかりと把握し、職員から話を聞くなどして、職員たちの考えを理解しておくことです。その上で、他者を活かす、ということが重要です。

　リーダーとは、短期的視点で見ると、自分でやれば早く済んでしまうことでも、中長期的な職員の人材育成という視点に立って、他者にそれができるように指導する人のことでもあります。

4 介護リーダーが知っておくべき「価値観、行動規範」

　介護リーダーは、何が正しいのか、の判断基準をしっかりともつことが必要です。リーダーとして、利用者の立場、サービスを提供する側の立場の両面から、何が大切であり何が必要なのかをきちんと踏まえた上で、職員に対しては、介護に携わる者はどのような職務を遂行するべきなのかを職場で共有化させる必要があります。

　たとえば、利用者や家族に対して心のこもった対応をするということであれば、介護リーダーは自らそのことを実践し、部下にも同じようにさせる必要があります。

　そのような大事にすべき考え方を「価値観」、実際に遂行させなければならないこと、たとえば言葉遣いなどに関することなどを「行動規範」といいます。これは、職場において介護リーダーが最低限、踏まえておくべきことがらです。

5 介護リーダーが実践すべき役割行動

　介護リーダーには、「率先垂範」が求められます。率先垂範とは、自らが先頭にたって模範を示すということです。職員は、指示・命令されるだけでは思う通りに動いてくれないものです。しかし、介護リーダーが目標を掲げて実践していれば、その後を追いかけるように、職員はついてきてくれます。

UNIT 1 介護リーダーの役割

　介護リーダーは、率先して手本を示すことで、皆が前向きに仕事に取り組めるような組織風土をつくっていくことが重要です。良き組織風土のあるところに、良い仕事が実践できます。その先頭に介護リーダーが立つことが必要です。

UNIT 1　介護リーダーの役割

3　介護リーダーに必要な人事労務の知識

1　就業規則とは

　介護リーダーの仕事は大きく分けると「仕事の管理」と「人の管理」ということができます。このうち、人の管理については、労働基準法や育児・介護休業法（育児休業、介護休業等育児又は家族介護を行う労働者の福祉に関する法律）、パートタイム労働法（短時間労働者の雇用管理の改善等に関する法律）といったさまざまな法令や職場内のルールを遵守し、適法に管理しなくてはならないという側面があります。

　ただ、仕事をするにも業務マニュアル等のツール、いわば、管理するための道具があるように、人を管理するにも道具が必要です。その道具の中で最も基本となるものが、職場内のルールブックともいえる「就業規則」なのです。

UNIT 1 介護リーダーの役割

　介護リーダーも含めた職員は、使用者である事業主の指揮監督の下にあること等から、労働契約の関係にあります。就業規則は、その労働契約がもたらす法人や職員の法令上の権利や義務を明確にしているだけでなく、服務規律や表彰・懲戒等に代表されるような、法令の基準だけでない事項も含まれています。

　職場ではさまざまな職員が協働して仕事に当たっていますが、これらの職員に対して職場内ルールの内容も知らない介護リーダーが公正に対応できるでしょうか。
　コンプライアンス（法令遵守）という観点だけでなく、えこひいきやその場しのぎの対応にならないためにも、介護リーダーは就業規則をしっかりと理解しておかなくてはなりません。

3 介護リーダーに必要な人事労務の知識

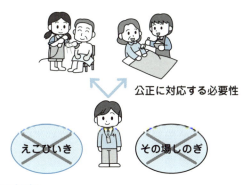

2 就業規則の内容

　就業規則には、一体何が書かれているのでしょうか。労働基準法では、必ず記載しなければならない事項（絶対的必要記載事項）と、何らかの定めをする場合には記載しなければならない事項（相対的必要記載事項）とが定められています。

■必ず記載しなければならない事項（絶対的必要記載事項）
　① 始業及び終業の時刻、休憩時間、休日、休暇、労働者を2組以上に分けて交替で就業させる場合においては就業時転換に関する事項（育児・介護休業法に基づく育児休業、介護休業等も含まれます。）
　② 賃金（臨時の賃金等を除きます。）の決定、計算及び支払の方法
　③ 賃金の締切り及び支払時期、昇給に関する事項
　④ 退職（解雇の事由を含みます。）に関する事項

■何らかの定めをする場合には、記載しなければならない事項（相対的必要記載事項）

① 退職手当の定めをする場合には、適用される労働者の範囲、退職手当の決定、計算及び支払の方法、退職手当の支払の時期に関する事項
② 臨時の賃金等（退職手当を除きます。）及び最低賃金額の定めをする場合には、これに関する事項
③ 労働者に食費、作業用品、その他の負担をさせる定めをする場合には、これに関する事項
④ 安全及び衛生に関する定めをする場合には、これに関する事項
⑤ 職業訓練に関する定めをする場合には、これに関する事項
⑥ 災害補償及び業務外の傷病扶助に関する定めをする場合には、これに関する事項
⑦ 表彰及び制裁の定めをする場合には、その種類及び程度に関する事項

以上のほか、当該事業場の労働者のすべてに適用される定めをする場合には、これに関する事項

3 雇用形態と就業規則

まず大切なことは、職場には正規職員、パートタイマー等の非正規職員など、さまざまな雇用形態の職員がいますが、これらすべての職員に適用される就業規則が整っていなければならないということです。ただ、ひとつの就業規則ですべて

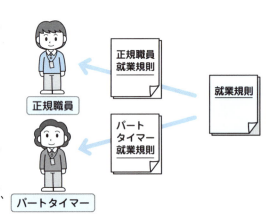

の雇用形態を網羅するのは内容が複雑になりますので、正規職員就業規則、パートタイマー就業規則といったように雇用形態別で作成されてい

ても問題ありません。

さらに、就業規則では、賃金に関する規定だけを別に賃金規程等で定めたり、育児介護休業等の部分だけを、育児介護休業規程としたりすることもできます。ただ、この場合は、本編の就業規則と賃金規程等はセットで法律上の「就業規則」となり、両者に目を通す必要があるので、注意をしてください。

また、就業規則は職場内のルールブックですから、ルールはみんなに知ってもらわなくては意味がありません。法令上はこれを「周知する」といいますが、労働基準法では、次の方法で周知しなければならないとされていますので、きちんと周知されているか確認しましょう。

① 常時各作業場の見やすい場所に掲示し、または備え付ける
② 書面で交付する
③ 磁気テープ、磁気ディスクなどに記録し、労働者が常時閲覧できるようにする（社内LANなどでの閲覧等）

UNIT 1　介護リーダーの役割

4　就業規則と法令等との関係

　それではここで、就業規則と法令や労働契約との関係がどのようになっているか、整理してみましょう。

　就業規則は労働基準法等の法令、労働組合との書面による合意事項である労働協約に反してはなりません。

　法令は最低基準を定めたものですが、たとえば休日は法令上は週1日または4週4日となっています。しかし、就業規則では一般的に4週8日等で規定していることからもわかるように、就業規則は通常、法令の基準を上回って規定してあります。この場合、上回った基準が労働条件となりますので、何か職場内で問題が出た場合は、法令との整合性を見ると同時に職場内のルールがどのようになっているかを知っておくことが重要です。

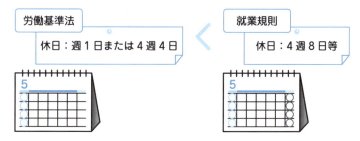

　また、職員一人ひとりと交わす労働契約と就業規則の関係では、就業規則で定める基準に達しない労働契約は、その部分は無効となります。たとえば、パートタイマーに慶弔休暇は認めないと契約書に書いてあっても、パートタイマーの就業規則で慶弔休暇を与えると書いてあれば、就業規則が優先され、慶弔休暇を与えなくてはなりません。

　介護サービス事業所はパート等の職員も多いので、契約書や労働条件通知書等の内容が、就業規則と整合性がとれているか、しっかりと確認しておきましょう。

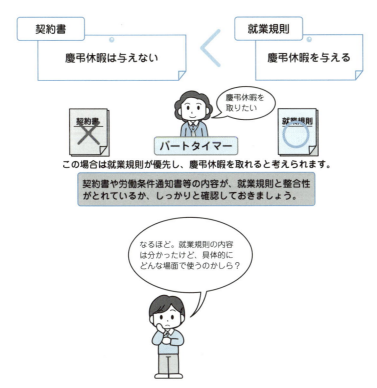

5 就業規則が利用される場面

　介護リーダーとしては、職場内ルールを自ら確認したい場合のほかにも、部下を指導する場面などでも就業規則を活用します。実際の活用場面は多岐にわたりますが、たとえば次のようなものがあります。

・シフト管理上で、休日振替、慶弔休暇・年次有給休暇の与え方等のルールを確認する。
・育児や介護に関して職員からの要望等があったときに、規定に基づく説明をする。

UNIT 1 介護リーダーの役割

・遅刻や欠勤等が多い職員に対して、日常的な指導においても就業規則の服務規律部分等を示して指導する。
・病気で長期欠勤者が出た場合に、休職になるかどうか判断する。

　介護サービス事業所には、たくさんの専門職が協働して、利用者へのサービス提供を行っています。そこで働く人たちが自分勝手に振る舞っていては、質の高いサービスを組織だって提供できないだけでなく、まじめに働いている職員にも不満がたまってきます。法律で定められた就業規則で明示すべき事項以外でも、「服務規律」、「禁止事項」などを定めて、これらに違反したら懲戒できるようにしてあるのも、こうした組織としての規律を維持するためといえます。

　職場内のルールブックである就業規則に基づき、公正な対応をしていきましょう。

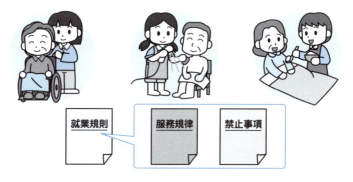

UNIT 1　介護リーダーの役割

4　介護リーダーが知っておくべき人材確保と介護職員の育成

1　介護職員の人材確保をめぐる環境

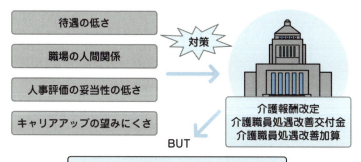

　介護職員の人材確保難が社会問題にもなっています。介護職員の人材不足は、その原因として、賃金をはじめとする待遇の低さ、職場の人間関係、人事評価の妥当性の低さ、キャリアアップが望みにくい職場であること等があげられています。

　こうした状況の中、国は、2009（平成21）年4月からの介護報酬改定と、平成21年度補正予算における「介護職員処遇改善交付金」によって、処遇改善のための対策を講じました。さらに2012（平成24）年4月および2017（平成29）年4月からの介護報酬改定でも処遇改善を図っています。その結果、介護職員の給与が上昇しています。しかしながら、依然として介護職員の採用状況が厳しいことは事実です。ここでは、介護職員の採用や教育のポイントについて解説します。

2　介護業界における人材の需給バランス

　2016（平成28）年10月の平均有効求人倍率を見ると、全体では1.48倍

UNIT 1 介護リーダーの役割

程度であるのに対し、介護サービスの職業では4.73倍となっており、採用に関してなかなか困難である状況が浮き彫りになっています。

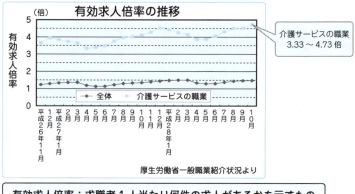

厚生労働省一般職業紹介状況より

有効求人倍率：求職者1人当たり何件の求人があるかを示すもの

求人の数よりも求職者の数のほうが少ないということね

3 採用に関する知識

　現在、介護福祉士の養成校も定員割れのところが増加しており、そもそも介護職のなり手が減少しているのが実情です。日本の人口動態から考えると、若年労働者は今後ますます減少することになりますから、若年労働者を介護職として採用することはますます難しくなるでしょう。

　だからといって、手をこまねいているわけにはいきません。人材確保のための施策としては、社会保険などを充実させるなど、「労働条件の改善」が求められます。また、育児から手が離れた女性や元気な高齢者を活用するなど、「労働者層の拡大」も有効です。そして、食事や排泄、

❹ 介護リーダーが知っておくべき人材確保と介護職員の育成

入浴など職場が忙しくなる時間帯の人的充実を図るため、パートやアルバイトなど「短時間労働者の活用」を検討する必要もあるでしょう。

4　介護リーダーが担うべき人材育成「なぜ、人材育成が必要か」

　介護業界は、人による労働が中心となって業務が行われる労働集約的な特徴があり、どうしても人手に頼らなければならない背景があります。人材を確保できないということは、現実に業務が回らなくなり、現場が疲弊するといった短期的な視点でのリスクだけでなく、今

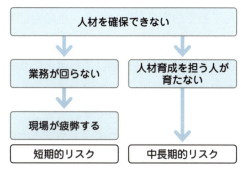

25

UNIT1　介護リーダーの役割

後、介護を担っていく人材を育成する立場の人材が育たないという中長期的なリスクもあるのです。

　とはいえ、人材の採用が次から次へとできるならいいのですが、現在は介護職員の採用そのものが難しい状況にあります。そのような中で力を入れなければならないのは、いま現在在籍している職員の教育です。そうすることで、職員のレベルアップを図り、その体制で提供する介護サービスの質の充実を図らなければなりません。人材の質がサービスの質を決める以上、どうしても「人材育成」の充実を図らなければならないのです。

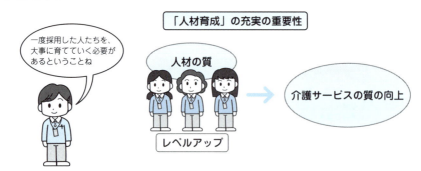

5　人材育成の必要性

　介護リーダーの悩みのひとつに、「私は、介護の仕事をしたいのであって、人の教育なんてとても自信がないから、他の人にやってもらいたい」ということがあります。介護に携わる人は、自らが動いて利用者にサービスを提供したいという思いが強く、フットワークの軽い人が多いようです。

　しかし、介護職員の皆がそのように自分の守備範囲だけを考えた仕事をしていては、組織として介護を提供していく事業体として、その管理にいずれ限界が来ることになります。

❹ 介護リーダーが知っておくべき人材確保と介護職員の育成

　介護リーダーは介護職員を取りまとめる役割を担います。その役割をきちんと遂行するためには、経験の少ない職員への教育が必要であり、人が育つ仕組みをきちんと構築しておく必要があるのです。
　ぜひ、そのことに留意してください。

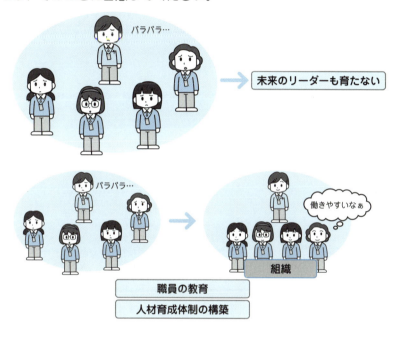

27

UNIT 2

チーム運営

UNIT 2　チーム運営

UNIT 2　**チーム運営**

1　介護リーダーが知っておくべきチーム運営のポイント

> 事　例

　今年から介護リーダー（主任）となったばかりの山口さん。介護キャリア4年程度で、経験年数が同程度の同僚達の間では唯一のリーダーとなりました。

　そのこともあり山口さんは大変な張り切りようです。毎日毎日、一番早く出勤して、皆に指示を出すほどです。

山口
「松本さん。これ、やっておいてくださいね」
「井上さん、この前お願いした6号室の林さんの件、早くお願いしますね。あ、それから……」

30

> [結　果]

　しかし、なぜか周囲はそんな山口さんを敬遠し、職場の雰囲気もどんよりとして、以前の明るさとは違った雰囲気が渦巻いています。周りとの一体化が図れず、孤立することになってしまい、山口さんは最近、元気がありません。

> [解　説]

　仕事の成果を高めるには、やる気のような「心」の部分と「体」の部分である「行動」の組合せをより充実させることが必要です。

　仕事がうまくいくかどうかは、仕事に対する情熱や利用者に対する思いの深さと、実際にすばやく行動に移せるか、によって決まるのです。

　さて、山口さんは何がよくなかったのでしょうか。その答えはひとつ

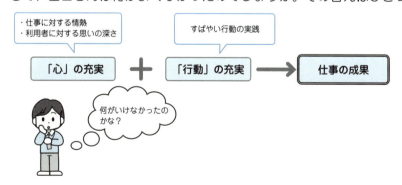

UNIT 2 チーム運営

だけではありません。たとえば次のようなことを考える必要があったのかもしれません。

学習のポイント
本項で学ぶポイントをまとめました。確認後、次の項へ進みましょう。

- 介護リーダーの役割はどのようなものかを整理する
- 職員が介護リーダーに対してどのような期待や印象をもっているのかを知る
- 自分の考えの押し付けだけでは人は動かないことを知る
- チームを運営するためには指針・方針がいる
- できないことは責める前にやって見せること（＝率先垂範）が必要であることを知る

ポイント 1

介護リーダーの役割はどのようなものかを整理する

まず、最初に自分がなすべきことを一覧に書き出しましょう。書き出すことは、自分の頭の中を整理するのに役立ちます。

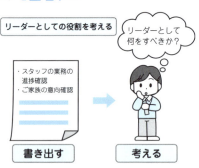

そしてその上で、リーダーとして、どのようなことをしなければならないのかを考える必要があります。

さらに、自己本位になることなく、周囲の部下や同僚に対して、彼らがリーダーにどのようなことを求めているのかを謙虚に聞く姿勢をもつことが必要でしょう。

もしかすると、山口さんのようにリーダーになりたかった人もいるか

もしれません。そういう人に仕事の上で気持ちよく協力してもらうためにも、「上から目線」で偉そうに対応するのではなく、謙虚に振る舞うことが必要となります。

ポイント 2

職員が介護リーダーに対してどのような期待や印象をもっているのかを知る

　山口さんは日ごろの頑張りが評価を受け、リーダーに抜擢されたのかもしれませんが、リーダーとしての実際の力量は、周囲の協力があってこそ発揮されるものであることを知りましょう。

UNIT 2　チーム運営

ポイント ③

自分の考えの押し付けだけでは人は動かないことを知る

　介護の現場では、絶えずスピード感のある対応が求められます。しかし、役職者はそこから一歩下がって全体を見ることも必要なのです。

　「人の配置はどうか、偏りはないか」、「各々の仕事の内容はどうか、質はどうか」、「利用者に対して均一なレベルでサービスを提供できているか」を冷静に見ることができるのは、役職者です。それに対して、現場に近いプレイングマネジャーでもあるリーダーは、現場を最も見ることができるはずです。

ポイント ④

チームを運営するためには指針・方針がいる

　具体的に何をすればよいかというと、自らの部署やチームの指針・方針をつくり、それをチームで共有化することです。

　「お互い笑顔で挨拶を交わしましょう」、

　「職員は、もっと利用者さんとふれあう時間をもてるように力を入れましょう」、

　「食堂への移動をスムーズに行い、少しでも長くゆったりとお食事の

時間を楽しんでいただくことができるようにしましょう」、
など、常日頃からこうしたい、ああしたい、と思っていたことを書き出し、共有化するのです。

ポイント 5

できないことは責める前にやって見せること（＝率先垂範）が必要であることを知る

　介護リーダーの勝負はここからです。なぜなら人は新しいことをするのには抵抗を感じるからです。

　新しいことを含め、さまざまな取組みを実行するには、チーム全員の協力が必要です。

UNIT 2 チーム運営

　指示を出してできないことは、責めるのではなく、まずは、やってみせることが重要であることを知る（＝率先垂範）必要があります。
　リーダーが継続してやれば、チームのメンバーもするようになります。リーダーは決してあきらめず、そのような取組みを続けていく必要があるのです。もちろん、その途中では孤立することがあるかもしれません。しかし、そこを乗り切ることができるかどうかが、介護リーダーとしての試金石なのです。

UNIT 2　チーム運営

2　上手なコーチングの進め方

> 事　例

　仕事にいまひとつ自信を持てない職員の松本さんの育成担当となった新任介護リーダーの山口さん。松本さんに自ら考え、動いてもらえるように松本さんに対しコーチング手法を用いることにしたのですが…。

　松本さんはいまひとつ浮かない様子です。

　山口「松本さん、食事の介助は終わった？」

　松本「あ、は、はい……」

　山口「じゃ、次は、何をすればいいんだっけ？」

　松本「え……」

　山口「次は、お願いしていた介護記録の整理をよろしくね。それから、今月のイベントの担当メンバーの調整も今日まででしたよね？」

　松本「……」

松本さんは口ごもってしまいました。

UNIT 2　チーム運営

結　果

　松本さんは、どうしても仕事の進め方が受け身になっており、自分からの積極的な動きに乏しいところがあります。山口さんはそのことを何とかしたいと、ここ最近はそのことばかり気になっています。

解　説

　仕事をうまく進めることができない人は、そもそも業務の全体像がつかめておらず、そのため、何をすればよいのかをわかっていないことが多いようです。行動の前に全体像の把握やするべきことの組立てができていないのです。

　業務の全体像、一つひとつの仕事の目的や意義に関する意識が希薄であるために、日頃から全体像の把握や組立てが、きちんと継続できていないということです。

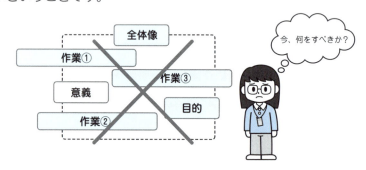

❷ 上手なコーチングの進め方

　最初は誰でも何もできなくて当たり前です。仕事ができない人をできるようにする、それこそがリーダーの役割です。
　さて、山口さんは松本さんをどのように指導していくべきでしょうか。

> リーダーの役割…仕事ができない人をできるようにする

 学習のポイント
本項で学ぶポイントをまとめました。確認後、次の項へ進みましょう。

- ・コーチングとは
- ・まず仕事の理想のあり方を考えさせる
- ・やってみることを恐れさせないためのポイント
- ・否定形ではなく、肯定形の言葉を遣う
- ・自ら行ったことでうまくいったことをほめ自信をつけさせる

ポイント 1

コーチングとは

　コーチングとは、人材開発のための技法のひとつです。「コーチ」（COACH）とは大型四輪馬車を意味し、馬車が人を目的地に運ぶことから転じて、「コーチングを受ける人（クライアント）を目標達成に導く人」を指すようになったといわれています。
　コーチングは、コーチする側からの一方的な伝達によるものではなく、コーチングされる側の個人の能力を可能な限り引き出し、それによって個人の問題解決を図り、スキルの向上を実現することを目的としています。あくまでも、個人を尊重し、個人の考える力を育てることを基本とします。コーチングとは、個人の持っている力を発見し、いかに発揮させるかということに力を入れるものです。

UNIT 2 チーム運営

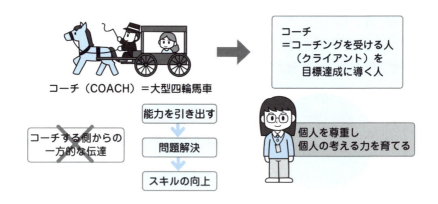

ポイント 2

まず仕事の理想のあり方を考えさせる

　まず、仕事の全体像や目的、意義などを本人にしっかりと考えさせることが必要です。ただただ目の前の仕事に追われ、一つひとつが単なる作業に終わっている場合もあるからです。

　仕事は、行動を通じて結果が出るものですが、その前提にはしっかりとした考え方や目的が整理できていなければなりません。

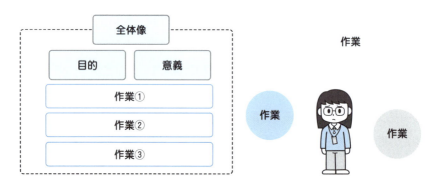

ポイント ③

やってみることを恐れさせないためのポイント

やってみることを恐れるのはなぜか。それは失敗することが怖いからです。また、そのことで非難されるのが怖いからです。

教える側がやってはいけないことは、責任だけを押し付けることです。はじめは何事もうまくいきません。ですから、最初は失敗することを前提にやってみることをすすめ、失敗の責任が本人にはないようにすること、失敗した場合に大きな問題とならないように対策を事前に講じた上でさせてみることが大切です。

このことは、時間もとられ人手もとられるといった面もありますが、介護の業務とは、最初は誰しも教えないとできないものですから、誰も

が実施できるように、最初から業務を標準化しておくことも必要だといえるでしょう。いったん標準化しておけば、今後、別の人に教えるときも有効です。

ポイント ❹

否定形ではなく、肯定形の言葉を遣う

コーチングをするときに大事なことは、自ら考えさせることです。そして、その際に大事なこととして、コーチングする側ができるだけ肯定形の言葉を遣うということが挙げられます。たとえば、「それはだめ」「これはだめ」という否定形で入るのではなく、なぜそれがよくない

のか、本人にその理由や背景をたずねながら、好ましい方向に誘導するとよいでしょう。その会話のプロセスの中で本人は、自ら考え、問題を自分の中に落とし込んでいくことができるようになるのです。

2 上手なコーチングの進め方

ポイント 5

自ら行ったことでうまくいったことをほめ、自信をつけさせる

介護の仕事は「できて当たり前」という対応が多いようです。しかしながら、それを実践する人にとっては、仕事として介護に携わるのは、家庭で携わってきたこととは心構えも行動もまったく違うことなのです。

そこでは、できたことは「よくできた」ときちんと認め、ほめるということをしなければなりません。小さなことですが、その言葉ひとつで仕事に対するやりがいが変わるのです。

UNIT 2　チーム運営

UNIT 2　**チーム運営**

3　介護リーダーが知っておくべき職員のメンタルヘルス

> 事　例

　新任介護リーダーの山口さんが、入所者の部屋の前を通りかかると、部屋の中には、入所者の林さんの介助を行う職員の木村さんがいて、車いすへの移乗の介助を行っています。

木村　「林さん！　左足、そっちじゃなくこっちの足を出してください!!　早くっ」
林　「あんた、怖いよお……」
　「林さんが、やらないからでしょ!!」

気になった山口さんが、居室に入り、声をかけました。

山口　「林さん、こんにちは。木村さん、大丈夫？」
　「大丈夫です」

木村さんは涙ぐんでしまいました。

> 結　果

　そのあと、木村さんは林さんに、「大きな声出して、ごめんなさい」といいながら、介助をして林さんを車いすに乗せ、デイルームへ行きま

した。

　山口さんが、後で他のスタッフから木村さんの様子を聞くと、気分に波があり、カッとなったり、利用者にきつく当たったり、落ち込んだ暗い表情をしていることが多く、「仕事がつらい、やめようかな」とつぶやくことがあることがわかりました。

　山口さんは、木村さんに直接話を聞き、様子を確認することにしました。

解　説

　介護の現場では、認知症の人が増えるなど、コミュニケーションの取りづらい利用者に対する援助技術がさらに求められるようになり、職員の負担は増大しているといえます。

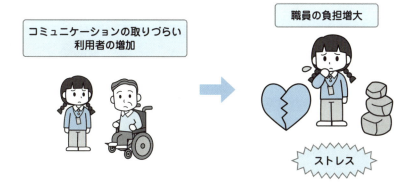

UNIT 2 チーム運営

　そのため、仕事の負荷が多くなりすぎると、そのストレスにより、心の健康、すなわちメンタルヘルスに支障をきたすこともあります。

　さて、木村さんから直接、話を聞くことにした山口さんですが、今後、どのように進めていけばよいのでしょうか。

　ここでは、介護リーダーが知っておくべき職員のメンタルヘルスについて学びます。

学習のポイント
本項で学ぶポイントをまとめました。確認後、次の項へ進みましょう。

- 介護職にも認められる「燃え尽き症候群（バーンアウト・シンドローム）」がどういうものかを知る
- 相談援助の方法を知る
- 事業所内でのメンタルヘルス対応の手順を知っておく。また、事業所外のメンタルヘルスの専門家（専門機関）の知識や情報をもっておく

ポイント 1

介護職にも認められる「燃え尽き症候群（バーンアウト・シンドローム）」がどういうものかを知る

　対人援助職である介護職は、医師や看護師、教師と同じように、ストレスが高じると、「燃え尽き症候群（バーンアウト・シンドローム）」をきたす場合があります。これは、いわゆる「バーンアウト」と呼ばれるもので、仕事によるストレスなどのために、心身のエネルギーを使い果たして消

46

耗した状態のことをいいます。

このバーンアウトは、仕事を通じて、情緒的に力を出し尽くし、消耗してしまった「情緒的疲弊」、サービスの受け手に対する無情で、非人間的な対応をする「脱人格化」、職務に関わる有能感、達成感が低下する「個人的達成感の低下」の3つに分けられます。

仕事中の木村さんの様子から、バーンアウトになっている可能性が疑われ、情緒的疲弊、脱人格化が認められます。このような場合には、次のようなアセスメントをしていくことが必要です。

ポイント2

相談援助の方法を知る

相談援助の方法は、本人が安心できる場所、雰囲気で話を聞き、ストレスの状況や原因と考えられるもの、それに対して本人なりにどのような対応をしているのか等を確認します。

この事例の木村さんの場合、山口さんが木村さんのケア場面の様子を見たことがきっかけで面接が始まっているので、面接の際は、ケア内容を責めているわけではないことを明

UNIT 2 チーム運営

確にすることが大切です。

　面接の際に相手から警戒されてしまっては、相手の話を十分に聞き出すことができません。特に上司と部下の関係で話を聞くことになるので、その点に十分配慮して、何のために面接をするのか、さらに木村さんのことを心配していることを伝え、話を聞いていくことが大切です。そして、木村さんのストレスの背景にあるものがどういうものかをアセスメントすることが必要になります。

ポイント ③

事業所内でのメンタルヘルス対応の手順を知っておく
また、事業所外のメンタルヘルスの専門家（専門機関）の知識や情報をもっておく

　本人との面接を通して、木村さんのストレスの状況が明らかになってきます。その次に求められることは、木村さんにどのような支援をしていけばよいかということです。

専門家の受診

勤務調整

　この事例の木村さんの場合には、「抑うつ」状態になっている可能性があります。そのような場合には、精神科医などの専門家の受診も含めた支援も必要になります。一時的な休養だけで済むようであれば、勤務調整をして対応することも考えなければなりません。

「抑うつ」状態

　具体的には、山口さんは、落ち込んでいるようで、仕事がつらそうであること、専門家などに相談してみるが、少し休養をとるというのが必要だと思うということを木村さんに伝え、まずは、事業所にいるメンタルヘルス担当者に木村さんのことを話して、よい手立てを考えたいが、それを了解してくれるかということを木村さんに確認することになります。

　このように、内容によっては介護リーダーだけで判断できることではありませんから、当事者本人に確認を取りながら、事業所内の「衛生管理者」もしくは「衛生推進者」などのメンタルヘルス担当者に相談することが必要になります。

そのためにも、メンタルヘルスに関連した専門家などの相談先の情報を知っておくこと、そして、事業所内ではどの立場の人に相談するべきかという手順を知っておくことが、介護リーダーには必要です。

UNIT 3

コミュニケーション

UNIT 3　コミュニケーション

1　利用者および家族とのコミュニケーションのとり方

>事　例

　何かと気難しい要望をする利用者の林さんと、日々の生活状況について詳しい説明を求めるご家族の担当をする職員の松本さん。さて、松本さんがコミュニケーションをうまくすすめるためにはどうしたらよいのでしょうか。

松本　「林さん。じゃあ、何から召し上がりますか」

林　「……」

　「あれ、今日のお食事はお好きじゃないですか。今日の献立は、結構皆さんに人気があるんですよ。魚の煮つけでしょ。それから、ほうれん草のおひたしに……」

　「わしゃ、こんなまずい飯は食えん！」

　「……」

>結　果

　利用者の心ない言葉は、介護者を傷つけ、周囲を嫌な気持ちにしてし

❶ 利用者および家族とのコミュニケーションのとり方

まいます。松本さんは林さんに対してどのように接していいのかが分からず、頭を悩ませています。

それを見ていた新任介護リーダーの山口さんは、林さんにどのように対応するべきか、松本さんと一緒に考えることにしました。

解　説

利用者およびご家族とのコミュニケーションのとり方で多い問題としては、次のようなものがあります。

＜対利用者＞
・問題のある利用者への対応方法
　（セクハラ、介護拒否等）

＜対ご家族＞
・要望・要求の多いご家族（クレーマー）に対する支援の方法
・無関心・任せっきりのご家族の場合（面会にまったく来ない等）

利用者であれ、ご家族であれ、うまくコミュニケーションを進めるためには相手に心を開いてもら

UNIT 3 コミュニケーション

う必要があります。

また、うまくコミュニケーションがとれていない原因が、相手にある場合もあれば、こちらの前任者や法人に問題がある場合もあることを踏まえておく必要があります。

学習のポイント
本項で学ぶポイントをまとめました。確認後、次の項へ進みましょう。

- 利用者、ご家族の要望を事前にしっかりと聞き出す
- 説明が必要なポイントを日頃から意識し、忘れないようにメモをしておく
- 介護記録を重視し、前回の対応を頭に入れた上で説明できるようにしておく
- 一方的な説明ではなく、聴く姿勢を重視する

ポイント 1

利用者、ご家族の要望を事前にしっかりと聞き出す

まず、利用者やそのご家族の要望をしっかりと聞き出すことから始める必要があります。もし、この段階で感情的になるようであれば、まずはその感情をしっかりとしずめることが必要です。

1 利用者および家族とのコミュニケーションのとり方

要望を事前に聞きだす

たとえば、問題のある発言が利用者やそのご家族側にある場合は、それが単に性格的なものなのか、背景や原因があることなのかをしっかりと認識する必要があります。

ほとんどの場合は、気に入らない理由があるので、そのことに正当性があるかどうか、対応できるかどうかを見極める必要があります。利用者と松本さん双方の言い分を丁寧に聴き、建設的な形でお互いが理解した上で対応するようにしましょう。

問題のある場合

性格的なもの・正当性がない

背景があるもの・正当性がある

UNIT 3 コミュニケーション

ポイント 2

説明が必要なポイントを日頃から意識し、忘れないようにメモをしておく

　利用者やご家族への対応には、それぞれ個別の内容があり、それをきちんと踏まえた上で対応をする必要があります。事例の林さんの場合、好きな献立を食べたくないと言った言葉の裏には、たとえば、ご家族が最近会いに来なくなったなど、林さんの何らかの思いがあるのかもしれません。コミュニケーションの上では、「食べたくない」という言葉だけではなく、そうした言葉が出た背景にある感情や思いに目を向けることも重要です。

1 利用者および家族とのコミュニケーションのとり方

　また、担当者が変わると、そのような細かい申し送りが十分にできていないことがあり、そうしたことが「何度同じことを言えばわかるのか」といった利用者やその家族の怒りに変わることも多いので、その点を十分に注意する必要があります。そのためにも、説明が必要なポイントは日頃から記録としてきちんと保存し、いつでも確認できるようにしておくことが重要です。

ポイント❸

介護記録を重視し、前回の対応を頭に入れた上で説明できるようにしておく

　利用者やそのご家族と話をする際に重要となるのは、前回の話との連続性です。以前または前回の話の内容を覚えていることが安心感や信頼感につながります。まず、そのことから始める必要があります。

UNIT 3 コミュニケーション

ポイント ❹

一方的な説明ではなく、聴く姿勢を重視する

利用者やそのご家族との話の際は、こちら側が一方的に話や説明をするのではなく、傾聴の姿勢を示すことが大切です。また、決して対立的な観点ではなく、共感の観点に立つ必要があります。

多くの場合、利用者は自分で何とかしたい、けれども介護に頼らざるを得ない、ご家族からすると「私ならこうしてあげられるのに…」という思いを持ちながらも「できない」、「してあげられない」というような葛藤をもっていることが多いものです。したがって、まずは、利用者やそのご家族のそうした「思い」を聴くという姿勢で話し合いを進めることが必要です。

UNIT 3　コミュニケーション

2　接　遇

> 事　例

　人と接するのが苦手で、これまで接遇についてもあまり意識することがなかった職員の井上さん。しかし、リーダーの山口さんからいくつかの不備（言葉遣いや態度など）を指摘され、それを正すように指導されています。

山口　「井上さん、利用者の池田さんに、食事介助お願いね」

井上　「は〜い」

井上さんは、面倒くさそうに返事をしました。

　　　「はい、は短くはっきり言うのよ。いつも言っているでしょう」

　　　「はい、はい。わかってますよ」

井上さんは明らかにふてくされた様子です。

　　　「承知しました、わかりました、でしょ！」

　　　「はーい」

UNIT 3 コミュニケーション

そっぽを向いて返事をしました。

　「……」

山口さんは閉口して何も言えません。

> 結　果

　山口さんは一生懸命、井上さんを指導しようとするのですが、なかなか思うようにはいきません。井上さんは仕事にやる気がないわけではないようなのですが、言葉遣いや態度などがなかなか直りません。さて、このような場合、山口さんはどうすればよいでしょうか。

> 解　説

　この事例の場合は、そもそも、「なぜ、接遇が必要なのか」がわかっていないことが原因であると考えられます。考えが自分中心になっ

60

ていて、他者に合わせることは自分のポリシーに反するとでも思っているのかしれません。

　礼儀や接遇といったことの本質は、本来は、家庭生活や学生生活の中で自然に身についていくものですが、最近はそれができていない人も増えてきました。そうした状況の中では、やはり職場が最後の砦となるのであり、職場こそがきちんと対応していく必要があります。

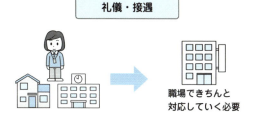

 学習のポイント
本項で学ぶポイントをまとめました。確認後、次の項へ進みましょう。

- なぜ接遇が必要なのか
- 接遇に必要なのは、相手の立場だったらどう思うか、という「感受性」
- 接遇の実践に向けて
- 真剣になってやらせる

ポイント 1

なぜ接遇が必要なのか

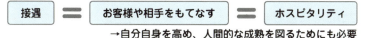

　接遇という言葉には、「接する」という言葉と「遇する」という言葉が入っています。なかでも「遇する」は「もてなす」という意味があり

UNIT 3　コミュニケーション

ます。つまり、接遇は、「お客様や相手をもてなす」、すなわち思いやりの気持ちを持って応対する（＝ホスピタリティ）という意味があり、相手に対して自分の基準だけで接してはいけないということになります。

　相手を尊重した態度で接することで、相手は心を開き、円滑なコミュニケーションにつながることでしょう。また、それがサービスの質の向上、ひいては法人や施設の評価につながることはもちろんですが、接遇は、自分自身を高め、人間的な成熟を図るためにも必要なものです。

ポイント 2

接遇に必要なのは、相手の立場だったらどう思うか、という「感受性」

　接遇は単にやればいいというわけではなく、そこに心が伴う必要があります。そのために必要なことは何でしょうか。それは相手の立場に立って考える感受性を身につけることです。

　感受性をはぐくむには時間がかかります。しかし、その時間を惜しむことで発

❷ 接 遇

生する利用者、家族からのクレームなどの対応に膨大な時間が費やされることを考えれば、先に手を打っておくことは決して無駄ではありません。

また、不適切な言葉遣いや態度が一度身についてしまうと、後から修正するには時間も手間もかかります。接遇は早い時期に習慣づけることがポイントです。

ポイント❸

接遇の実践に向けて

相手の立場になって考えるという感受性をはぐくむために、リーダーは、言葉遣いが相手に失礼ではないか、態度が相手に誤解を招くようなものではないか、などを、職員に常日頃から意識させる必要があります。

そうしたことを通じて職員は、自らの「気づき」をもち、そこで初めて接遇の重要性に目覚めることになるのです。

また、接遇の重要性を強く認識するきっかけは、利用者やご家族からの感謝の言葉であることが多いようです。人は人からの感謝の言葉によって心を動かされ、仕事を行う本当の意味を知ります。したがって、リーダーには、相手から感謝されるような接遇を、職員に身に付けさせることが求められます。

もし、職員に基本的な接遇の知識が足りないようであれば、接遇研修を実施するなど、再教育の場を設けることも必要です。

ポイント4

真剣になってやらせる

接遇は、リーダーが真剣になってやらせることも重要です。やらない人の多くは、自らの基準で、やらないだけということが多いのですが、職場ではそれは通用しません。

また、接遇をきちんとする人としない人とがいる場合、きちんとすることを基準としなければなりません。

そうしなければ、きちんとしないことがまるで正しいかのようになり、組織風土は緩み、サービスが低下してしまうからです。

UNIT 3　コミュニケーション

UNIT 3　**コミュニケーション**

3 職員とのコミュニケーションのとり方
　～時間管理が苦手なスタッフへの対応～

事　例

　何事にも一生懸命に取り組む職員の木村さんですが、変則勤務の中で決められた業務が業務時間内に終わらず、同じフロアのスタッフから苦情が寄せられることが頻繁にみられます。

　今日も、早番の入浴準備が終わらず、ひとりでバタバタと走り回っています。そんな姿を見た新任介護リーダーの山口さんが、声を掛けました。

木村　「あ～あ、今日もこんな時間になっちゃった。どうして私だけ仕事がのろいんだろう」

山口　「どうしたの？そんなに慌てて……」

　「あっ、山口さん。すみません。おやつのときに入所者の池田さんの話を聞いてあげていたら、こんな時間になってしまったんです。早く切り上げなければと思うのに、どうしても上手に対応で

きなくて……。私はプロ失格ですよね。いつもみんなのお荷物になってしまうんだもの！」

「そうね。あなたに対しては他のスタッフからも苦情が出ていて困っていたのよ。どうして時間内に仕事を片付けられないのかしら……」

結果

人一倍、入所者の気持ちに寄り添って仕事をしてきた木村さんでしたが、すっかり自分の仕事に自信を失ってしまいました。最近では、離職も考えるようになってきています。

解説

一生懸命に仕事をしてきた木村さんでしたが、山口さんの一言で、すっかり、介護に対する自信を失ってしまいました。

木村さんが、限られた時間の中でスムーズに業務をこなすために、もっと具体的なアドバイスの仕方はなかったのでしょうか。

たとえば、次のようなことを考える必要があったのかもしれません。

UNIT 3　コミュニケーション

 学習のポイント
本項で学ぶポイントをまとめました。確認後、次の項へ進みましょう。

- 限られた時間の中で、個々の能力に応じた成果が出せるように工夫してみる
- 業務の効率を上げる方法を考えてみる
- 指導職員として実際にやってみせる
- 業務の優先順位を理解させる
- 達成したらその都度ほめ、モチベーションを高めるようなコミュニケーションを図る

ポイント 1

限られた時間の中で、個々の能力に応じた成果が出せるように工夫してみる

　フロアでの早番業務のタイムスケジュールを再度、見直してみましょう。必ずその日のうちに完了しなければいけない業務と、そうではない業務があることに気付いたのではありませんか？

　個人の力量に振り回されるのではなく、まずは仕事量を適切に仕分けしてみることから始めてみましょう。

❸ 職員とのコミュニケーションのとり方

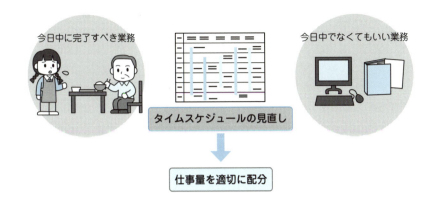

ポイント❷

業務の効率を上げる方法を考えてみる

　同じ仕事を行っているのに、なぜ、時間内に終わる職員と終わらない職員がいるのでしょうか。それは、一人ひとりの力量が違うだけでしょうか。介護の仕事は、ただ目的に沿った業務をこなすだけではありません。常に変化する目の前の利用者の状況を把握し、その都度、対応を迫られているのが実情です。そのような状況を踏まえた上で、効率化も図っていかなければなりません。

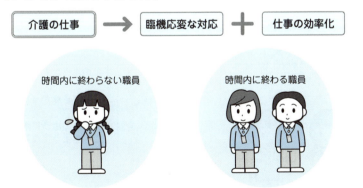

UNIT 3 コミュニケーション

ポイント ❸

指導職員として実際にやってみせる

　できないことは責める前にやってみせることが大切です。これを率先垂範といいます。入浴に限ってみるなら、浴室、脱衣室の備品の準備、入浴前の主訴の確認、検温、体調管理、必要物品の準備をきちんとマニュアル化し、お手本を示しながら、それに沿って行われているかどうかを木村さんと一緒に確認作業を行ってみましょう。

　その上で、どのようなところが、なぜできなかったのか、今後どのようにすればできるようになるのか、を具体的に検証することが必要です。

ポイント 4

業務の優先順位を理解させる

池田さんの話をじっくりと聞くことはとても大切なことですから、そのことはきちんと評価した上で、今、最優先にしなければならないことは何かを木村さんに考えてもらいましょう。

池田さんには次の機会に必ずお話を聞く約束をした上で上手に会話を切り上げ、速やかに次の行動に移るメリハリが必要であることを理解させます。

ポイント 5

達成したらその都度ほめ、モチベーションを高めるようなコミュニケーションを図る

仕事の能率が以前よりわずかでも改善されていたら、具体的な事例を

あげてきちんとほめて評価することは、大きな自信につながります。

達成できていないところは、ヒントを出して自力で達成できるように応援してあげましょう。

UNIT 3 コミュニケーション

4 上司とのコミュニケーションのとり方
〜フロアごとの文化の違いについて
上司と方針や意見が合わない場合の対応〜

> 事 例

　山口さんは業務にも慣れ、現在はフロアリーダーとしての責務も上手にこなせるようになってきました。
　ところが、突然の施設内異動で担当フロアの変更があり、新しいフロアの雰囲気に馴染めず悩む日々が続いています。そんな状況を打破しようと考えた山口さんはある日、思い切って介護部長に自分の思いを聞いてもらうことにしました。

山口：「お忙しいところ申し訳ありませんが、どうしても聞いていただきたいことがあるのですが……」

介護部長：「どうしたの？　何か困ったことでもあったのかな？」

山口：「ええ、実は今のフロアの状況についてなんですが……。職員一人ひとりの業務はバラバラで、お互いに助け合うといった思いや

りにも欠けていますし、細かい業務内容等も違うので戸惑ってしまいます」

「君がフロアリーダーなんだから、君が思うように変えていったらいいじゃないか。フロア内のゴタゴタなんかいちいち報告せずに自分で判断できないのかな」

結 果

フロアをよくしようと思い切って相談した山口さんの気持ちは介護部長には届かず、より突き放されたという孤独感を味わいました。

ただ不平不満を口にしているのだと受け取られてしまったようです。

解 説

上司に自分の思いや考えを上手に伝え、理解してもらうためには、今現在の状況を報告するだけでなく、今起こっている課題や問題に対して自分なりに考

4 上司とのコミュニケーションのとり方

えて導き出した答えを伝える必要があります。

より具体的な内容で相談した方が効果的でしょう。

たとえば次のようなことを考える必要があったのかもしれません。

学習のポイント
本項で学ぶポイントをまとめました。確認後、次の項へ進みましょう。

- 今起こっている問題（フロア内の閉鎖性）に対して分析をする
- 分析結果から、どのような取組みが必要なのかを考える
- 指示を仰ぐだけでなく、取り組みたいことを伝える
- 自分の考えを自由に言える環境を整えていく
- より良いケアの実践を通して上司の理解を深めてもらう

ポイント 1

今起こっている問題（フロア内の閉鎖性）に対して分析をする

今起きている問題（事例の場合はフロア内の閉鎖性）に対して、どうしてそのような問題が起きているのか、問題となっている原因は何なのかを考える必要があるでしょう。

原因を突き止めなければ対処のしようがありません。客観的に捉えることも重要です。

UNIT 3 コミュニケーション

ミーティング不足

その仕事もうやりましたけど…
情報共有不足

ポイント 2

分析結果から、どのような取組みが必要なのかを考える

問題となっている原因がわかったら、それを解消するための取組みが必要となります。ひとつの問題に対してもさまざまな取り組み方があり、どれが一番正しいのかは実際にやってみなければわかりませんが、まずは考えて動き出すことが重要です。現状ではできないと思われるような取組みでも、段階を踏んでいくことでできるようになることもあります。

ものごとに対して計画的に取り組むのも大切なことです。

問題：フロア内の閉鎖性

原因：従業員のコミュニケーション不足

対策①：毎日就業後にミーティング
対策②：問題事例の情報共有
対策③：リーダーへの進捗報告の徹底

計画的な取組み

ポイント 3

指示を仰ぐだけでなく、取り組みたいことを伝える

問題に対して指示を仰ぐだけなら誰にでもできることです。介護リーダーとして、解決策を探し、それを上司に伝えることが重要です。

4 上司とのコミュニケーションのとり方

指示待ちにならず、積極的に取り組みたいこと等を伝えていきましょう。

ポイント4

自分の考えを自由に言える環境を整えていく

　自分の意見や考えが形になることで、職員の仕事に対するモチベーションが上がります。

　まずはリーダー自身も職員の声に耳を傾ける姿勢を持ちましょう。

　そうした話しやすい雰囲気ができると、「言えば聞いてくれる」という環境が整い、上司に対しても自分の考えを自由に言えるようになることでしょう。

UNIT 3 コミュニケーション

ポイント 5

より良いケアの実践を通して上司の理解を深めてもらう

最後は実際に実行していくことで理解を深めてもらいます。

必ずしも結果が伴わないこともあるかもしれませんが、積極的に動き出したことは必ず認めてもらえるはずです。

「報・連・相（報告・連絡・相談）」を大切にして、進捗状況等も伝えるとより効果的でしょう。

UNIT 4

介護現場のリスク対応

UNIT 4 介護現場のリスク対応

UNIT 4 介護現場のリスク対応

1 医行為と多職種連携

事 例

今週の部署会議のあと、新任介護リーダーの山口さんは、サブリーダーから、話しかけられました。

「ところでリーダー……、介護職による医行為はどこまでできるようになったのですか？ また、これから看護師等の医療従事者とはどのように連携していけばよいのでしょうか。まだ、十分に理解できていない職員もいますので、来週の部署会議で説明をしていただきたいのですが……」

「そうですね。とても重要な問題ですよね。私たちの施設でも、施設長や看護職員を中心に、体制を整えたところなので、施設長に相談して、次の部署会議でみなさんに説明できるようにしましょう」

結 果

山口さんは、「介護職員等によるたんの吸引等の実施のための制度」に関して、来週の会議の機会に、職員が理解できる適切な説明をしたい

と考え、施設長に相談しました。

解　説

「介護サービスの基盤強化のための介護保険法等の一部を改正する法律（平成23年法律第72号）」が2011（平成23）年6月15日に成立しました。それにより改正された「社会福祉士及び介護福祉士法施行規則の一部を改正する省令（平成23年厚生労働省令第126号）」が同年10月に公布され、2012（平成24）年4月1日から施行されました。

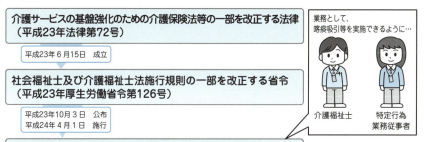

これらの法令により「介護職員等によるたんの吸引等の実施のための制度」が示されました。つまり、介護福祉士および特定行為業務従事者が、業務として、喀痰吸引等を実施できることが法律上明確になったということです。

それでは、これまですでに施設内で実施している医行為とは、どのように違うのでしょうか。

UNIT 4　介護現場のリスク対応

学習のポイント
本項で学ぶポイントをまとめました。確認後、次の項へ進みましょう。

- 介護職員によるたんの吸引等の実施のための制度改正
- 喀痰吸引等の範囲
- 喀痰吸引等研修の類型
- 登録基準（登録事業者の要件）
- 必要な書類と体制整備
- 現任者の研修（およびこれから「介護福祉士」を目指している場合）

ポイント 1

介護職員によるたんの吸引等の実施のための制度改正

　これまでの介護職員による医行為の一部実施は、「一定の条件下で行われる違法性阻却」という視点に立って実施が認められていました。

　そのため、許容される医行為は、口腔内のたんの吸引（咽頭の手前までの）と胃ろうによる経管栄養（栄養チューブ等の接続、注入開始は除く）の2種に限定されていました。

これまでの医行為の一部実施は…

> 「一定の条件下で行われる違法性阻却」
> という視点からみて認められていた

- 口腔内のたんの吸引（咽頭の手前までの）
- 胃ろうによる経管栄養（栄養チューブ等の接続、注入開始は除く）

の2種に限定

2012年4月からは…

> すでに実施している職員は、一定の要件を満たし、
> 知識と技能があると証明されれば、
> 「経過措置対象者」として認められる

これまでの医行為はしばらく継続可能

　2012（平成24）年4月からは、法律上の経過措置として、すでに実施

していた職員は、14時間の研修を受講したなど一定の要件を満たし、知識と技能があると証明されれば、「経過措置対象者」として認められることも法律で定められています。

したがって、これまでの行為はしばらく継続できることになります。

では、この「介護職員等によるたんの吸引等の実施のための制度」について確認をしましょう。

ポイント2

喀痰吸引等の範囲

制度化の対象となる行為は、
・喀痰吸引（口腔内、鼻腔内、気管カニューレ内部）
・経管栄養（胃ろう、腸ろう、経鼻経管栄養）
となります。

施設において介護職員等が、たんの吸引などの行為を行うためには、一定の研修、つまり「喀痰吸引等研修」を受け、知識や技術を習得しなくてはなりません。

制度化の対象となる行為
・喀痰吸引（口腔内、鼻腔内、気管カニューレ内部）
・経管栄養（胃ろう、腸ろう、経鼻経管栄養）

介護職員（たんの吸引などの行為を行うためには…？）

↓

「喀痰吸引等研修」を受ける必要あり

UNIT 4 介護現場のリスク対応

ポイント❸

喀痰吸引等研修の類型

「喀痰吸引等研修」には、以下の３つの課程が設けられています。

１つ目は制度化の対象となった行為すべてを行う研修。

○制度化の対象となった行為すべてを行う研修

２つ目は対象となった行為のうち、気管カニューレ内部吸引と経鼻経管栄養を除く研修。

○対象となった行為のうち、気管カニューレ内部吸引と経鼻経管栄養を除く研修
※講義と演習は全て行うが、実地研修の一部が除かれる。

そして、３つ目が特定の人に対して行うために実施する研修です。

○特定の人に対して行うために実施する研修（ALSなどの重度障害者等）

ここでいう特定の人とは、たとえば、在宅で療養しているALS（筋萎縮性側索硬化症）などの重度障害者をいいます。これは、訪問介護従事者が対象となります。

ポイント❹

登録基準（登録事業者の要件）

個人であっても、法人であっても、たんの吸引等を業務として行うには、登録事業者であることが必要となります。

1 医行為と多職種連携

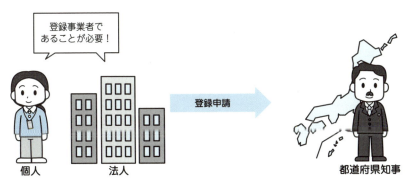

　登録事業者になるためには、都道府県知事に、事業所ごとに一定の登録要件（登録基準）を満たしている旨、登録申請を行うことが必要となります。

　その登録基準は以下の表のとおりです。

●登録基準（登録事業者の要件）●

○医療関係者との連携に関する事項（実際のたんの吸引等の提供場面に関する要件です。）
・たんの吸引の提供について、文書による医師の指示をうけること
・介護職員と看護職員との間での連携体制の確保・適切な役割分担
　（対象者の心身の状況に関する情報の共有を行う等）
・緊急時の連絡体制の整備
・個々の対象者の状態に応じた、たんの吸引等の内容を記載した「計画書」の作成
・たんの吸引等の実施状況を記載した「報告書」の作成と医師への提出
・これらの業務の手順等を記載した「業務方法書」の作成　など
○安全確保措置など（たんの吸引等を安全に行うための体制整備に関する要件です。）
・医療関係者を含む委員会設置や研修実施などの安全確保のための体制の確保
・必要な備品等の確保、衛生管理等の感染予防の措置
・たんの吸引等の「計画書」の内容についての対象者本人や家族への説明と同意
・業務上知り得た秘密の保持　など

UNIT 4 介護現場のリスク対応

ポイント 5

必要な書類と体制整備

必要な書類

- 業務方法書（手順書）
- 計画書
- 医師の指示書
- 同意書

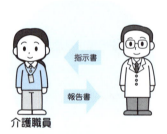

では、登録基準を整理して、どのような整備をしなくてはならないかを確認していきましょう。まずは必要な書類について確認します。

どのような手順でたんの吸引等の業務を行うか、手順を明確化し、共有するためには、業務方法書（手順書）を作成しなくてはなりません。

個々の対象者の状態に応じた、たんの吸引等の内容を記載した計画書が必要となります。多職種との協働で作成しているケアプランとも連動すべきでしょう。

医師の指示を受け、文書による医師の指示書が必要となります。そして、実施した内容を報告書として医師に提出することが必要です。

作成された計画書をもって、本人や家族への説明と同意が必要です。

その際、本人または家族の同意書をとってください。

次に、体制を整備をすることが必要になります。

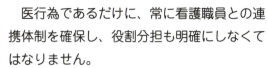

体制整備

- 看護職員との連携体制
- 明確な役割分担
- 委員会の設置
- 定期的な研修会
- 連絡体制の整備
- 守秘義務の遵守

　医行為であるだけに、常に看護職員との連携体制を確保し、役割分担も明確にしなくてはなりません。

　また、医療関係者を含む委員会の設置が必要となります。感染症対策が必要となるため、すでに設置している「感染症対策委員会」との連携をするのもよいかもしれません。

　さらに、定期的な研修会を開催して、知識、技術の向上に努めましょう。

　そして、緊急時の連絡体制の構築と既存の連絡体制の見直しも必要になります。

　最後に、専門職として当然の事項ですが、業務上知り得た秘密事項の保持、つまり「守秘義務」を遵守しなければいけません。

ポイント❻

■現任者の研修（およびこれから「介護福祉士」を目指している場合）

　現在、介護職員として就業している場合は、どこで研修を受けることになるのでしょうか。また、介護福祉士の養成施設を卒業した人はどう

UNIT 4　介護現場のリスク対応

なるのでしょうか。
　介護職員が2012（平成24）年4月から喀痰吸引等を行うに当たっては、都道府県または「登録研修機関」（都道府県知事に一定の登録要件〔登録基準〕を満たしている旨、登録申請を行い決定を受けた機関）が行う喀痰吸引等研修を修了し、認定特定行為従事者としての認定を受ける必要があります。

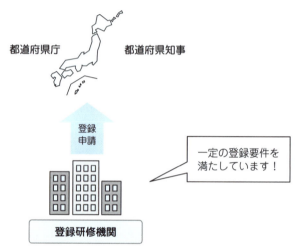

　2015（平成27）年度以降の介護福祉士国家試験受験者は、養成課程で喀痰吸引等の教育と実地研修を受けます。そこで実地研修を終えていない行為は、就業後に事業所で実地研修を受けた後に実施します。

88

❶ 医行為と多職種連携

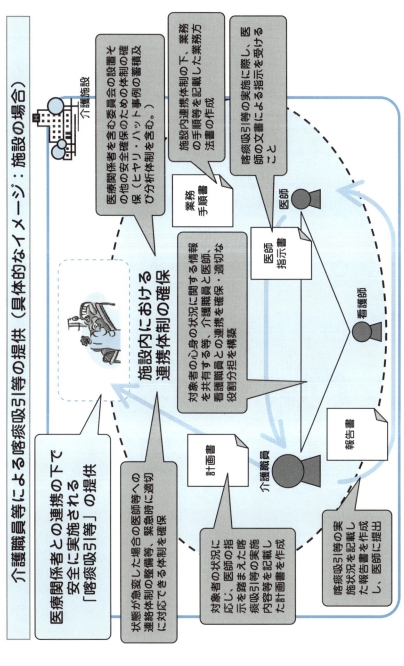

出典:「喀痰吸引等の制度について」厚生労働省、2011年

89

UNIT 4　介護現場のリスク対応

UNIT 4　介護現場のリスク対応

2 認知症に対する適切なケア
　～夕暮れ症候群の中島さんの場合～

> 事　例

　最近ユニットに入所してきた中島さん（女性）は認知症があり、毎日、夕方になると混乱し、大声で騒ぎます。夜も寝られず騒ぐため、ユニットの入所者たちも同じように不安になってしまいます。

中島「ケイコちゃん（娘の名）は、どこ？　私はなぜここにいるの？　家に帰りたい」

ユニットの利用者達「……」

皆、そわそわして不安そうな表情です。

池田「あなたは、ここにいるべきではありません。即刻、退居を命じます！」

❷ 認知症に対する適切なケア

- 木村（職員）「池田さん、まあそこまで言わなくても、中島さんも落ち着けばわかりますから」
- 「これは皆のためですから、止めるなら木村さんもクビにします！」

[結果]

その事件以来、バリアフリーの施設の中をひとりで歩き、どこへ行くか分からないため、中島さんには1対1でついていないと心配です。

どうすべきか対応に困った木村さんは、介護リーダーの山口さんに相談しました。

- 「夕方の中島さんは、やはり見ていないと心配ですが、この時間帯は他の利用者さんの排泄介助や食事介助もあるし、ちょっと手が回りません。どうしたらいいでしょうか」
- 山口「そうですね、少し考えてみましょう」

[解説]

「夕暮れ症候群」という人たちがいます。認知症の人が夕方になると帰りたい理由はいろいろありますが、介護リーダーはその行動を抑えるのではなく、なぜその行動が出ているのかをアセスメントすることによって、その原因と背景を確認し、その人の思いを理解するようにしなければいけません。

UNIT 4 介護現場のリスク対応

「暗くなってきて、子どもが帰ってくるので自分も帰らなければ……」、「夫の夕飯をつくらなければ……」など、その行動には、その人がこれまで生きてきた人生や、生活の中で担ってきた役割が反映されているのです。

認知症の人の行動を理解し適切なケアを提供するためには、次のようなことがポイントとなります。

 学習のポイント
本項で学ぶポイントをまとめました。確認後、次の項へ進みましょう。

- 認知症の人の特徴
- 認知症の人が「帰りたい」と言うときの本人の理由は何か考える
- 行動に出る前の表情の変化に気づく
- 行動になってしまった場合の対応
- 予防的介護を考える
- アセスメントの重要性
- 業務を見直す

ポイント 1

認知症の人の特徴

　認知症の人は考えるスピードも、言葉を捉えるスピードもゆっくりです。これは、脳細胞のシナプスの伝達作用が限定されていて、情報伝達がゆっくりになるからです。

　また、2つのことを同時にはできません。
　音楽を聴いたり、テレビを見ているときに話しかけても、上手にキャッチできないのです。
　食事をしているときに話しかけたら、食べ物が喉に詰まって

むせてしまうことがあります。歩いているときに、急に話しかけるのもいけません。

ポイント 2

認知症の人が「帰りたい」と言うときの本人の理由は何か考える

　認知症の人にとって夕方になって何もすることのない手持ち無沙汰な時間は、不安が強まるものです。さらに、認知症の人には場所の見当識がないため、夕方、暗くなってきたのに自分は今、なぜこの場所にいるのかがわからなくなることもあります。

UNIT 4　介護現場のリスク対応

ポイント 3

行動に出る前の表情の変化に気づく

　認知症の人は不安な状況がすぐに出てくるわけではなく、だんだん不安になってくるのです。楽しい午後のお茶の時間を過ごしたあと、ひとりでぽつんとした時間が30分〜1時間近く続いたときなどに、不安な気持ちになります。

　そして、「子どもが待っているから、早く帰らなければ」などと頭の中で妄想して考えているときは、不安そうでそわそわと落ち着かない表情になります。

　このような表情変化は意識して見ていないと気づかないため、職員はそれを見逃しやすいものです。

　表情変化をとらえ、この段階で手を打つと効果的です。

ポイント 4

行動になってしまった場合の対応

　行動になってしまったときは、禁止・抑制は絶対にしないで、できれば一緒に歩くなどしながら気持ちを落ち着かせるようにします。

　行動がさらにエスカレートして怒っている状態では、まずその人を落ち着ける場所に連れて行き、話をしてなだめ、気持ちを落ち着かせます。また、他の入所者にも個別に対応して落ち着いてもらいます。

❷ 認知症に対する適切なケア

禁止・抑制

気持ちを落ち着かせる

ポイント5

予防的介護を考える

　夕方の「うろうろ」が出る前に、なだめすかすようなケアではなく、本人が楽しくいきいきと過ごせるように、その人の気持ちにそって対応しましょう。

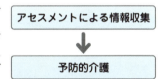

　アセスメントでいかに本人の好きなこと、生きがい、やりがい等をきちんと情報収集で

きているかが大事で、それが適切なケアにつながります。

　本人の役割を探して、それをやっていただいたり、好きなテレビ番組のビデオを観たりすることなどが効果的です。

ポイント ⑥

アセスメントの重要性

　介護の現場でアセスメントをしてくると、家族の知らない情報も出てきます。懐かしい思い出とともに語られる言葉から、その人のさまざまなことが見えてきて、情報収集ができ、その人への理解が深まります。

　それを介護職員全員で共有することで、よりよいケアができるようになります。

　認知症の人には、目に見えている身体的状態（ADL）のアセスメントだけでは不十分で、目に見えない思いの部分、感情の部分をきちんとアセスメントすることが重要です。

　気持ちや思いの部分を把握できなければ、よいケアはできません。不

安な顔つきの入所者に安心感を提供することが大切です。

ポイント 7

業務を見直す

　何かが起きたときにその場で対応できる介護を目指します。

　センター方式の「24時間シート」などを活用して、入所者ごとの行動パターンを把握し、業務を組み直すことが大切です。

個人ベースの介護のパターンを把握する

センター方式とは、
「認知症の人のためのケアマネジメントセンター方式」
のこと。
2000年に厚生労働省が設置した
「認知症介護研究・研修センター」
（東京・大府・仙台の3か所）
が中心となり研究開発したものです。

たとえば、排泄介助は忙しい夕方の時間帯を避けるなどです。そのためには、個人ベースの介護のパターンを把握していることが重要です。施設ベースで業務をしても入所者は落ち着きません。

1 勤務体制－職員配置の見直し

夕方の時間帯が手薄な場合は、日勤帯をひとり減らし、遅番勤務者をひとり増やすのが効果的です。特にユニットケアでは、職員と入所者との間に馴染みの関係があるので、職員の異動よりも勤務時間の変更で対応するとよいでしょう。

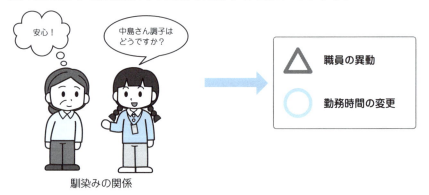

2　チームケア

どうしても介護職員だけでは手が回らないときは、事務職員が入所者の話を聞いたり、歩きまわるときは付き添ったりして気持ちを落ち着かせます。このようなチームケアも重要です。

リーダーの役割は、職員がどこまできちんと入所者を理解しているかをスーパーバイズすることです。アセスメントによって自分が理解しているだけではなく、まわりの職員にそれを伝え、職員が気付くように指導します。

```
アセスメントによる理解
      ↓
  職員への指導
      ↓
     共有化
```

特に新人リーダーにありがちですが、一番悪いのはひとりでがんばってしまうこと。ひとりでがんばるのではなく、他の職員がみな同じレベルで対応できるように、共有化を図っていくことが大切です。

職員がどこまできちんと入所者を理解しているか？

UNIT 4　介護現場のリスク対応

3　援助技術

　ひとりの入所者だけを見るのではなく、入所者全体の動きを見ながら対処することが大切です。

　そのなかで、リスクの高い人から優先的に対応するようにします。

　さらに、「今、この方のお世話をしますから、皆さんちょっと待っていてくださいね」などの声かけが大事です。

　また、全体に対する声かけは、ゆったりした声で、決してあわただしく動かないように気を付けましょう。

　業務に追われて職員が落ち着かないと、入所者にもそれが伝わり、混乱させることになります。

入所者全体の動きを見る

リスクの高い人から優先的に対応

全体に対する声かけ
ゆったりした声で
落ちついた態度で

UNIT 4　介護現場のリスク対応

3 身体拘束とは

> **事 例**
>
> 　特別養護老人ホーム（介護老人福祉施設）への入所が決まった阿部さんは、脳梗塞の後遺症で右半身麻痺がある要介護4の男性です。
> 　以前いた施設では、車いすから立ち上がらないようにY字ベルトをし、転落防止のため、就寝時はベッド柵4本を使用していました。
> 　入所契約時、説明に立ち会った新任介護リーダーの山口さんに対して、……。

阿部さんの
ご家族　「安全のため、前の施設と同じようにしてほしいのですが…」

山口　「いや、しかしですね……」

　　　「無理に動いて、ケガでもしたら大変です！　必ず固定するようにしてください。」

　　　「はぁ……」

UNIT 4　介護現場のリスク対応

[結　果]

家族から強く要望された山口さんは、身体拘束廃止の方針等について上手く説明できずに、黙ってしまいました。

介護リーダーになって初めての入所契約に張り切って立ち会った山口さんは、すっかり落ち込んでしまいました。

[解　説]

拘束すれば安全と考えている家族には、次の順序で説明します。

身体拘束とは何なのか、また、身体拘束をすれば100％安全なのではなく、事故はさまざまな要因から起こること。

身体拘束するということは、阿部さんの人権を尊重しないことになり、その弊害のほうが大きいこと。

| 身体拘束とは何なのか |

| 事故はさまざまな要因から起こる |

| 身体拘束は人権を尊重しないこと |

そして、リスクアセスメントの結果を踏まえ、事故予防策をケアプランに入れたサービスの提供をさせていただきたい、と説明ができればよかったのです。

❸ 身体拘束とは

 学習のポイント
本項で学ぶポイントをまとめました。確認後、次の項へ進みましょう。

- 身体拘束廃止の法的根拠と、身体拘束とは何かを知る
- 身体拘束がもたらす弊害を知る
- 身体拘束をせずにケアを行う基本原則を確認する
- 「緊急やむを得ない場合」と判断する条件等を知る

ポイント 1

身体拘束廃止の法的根拠と、身体拘束とは何かを知る

「指定介護老人福祉施設の人員、設備及び運営に関する基準」（平成11年3月31日厚生省令第39号）（以下「基準省令」という）等で禁止の対象となっている行為は、「身体的拘束その他入所者の行動を制限する行為」と記されています（第11条4項）。

具体的には、2001（平成13）年に厚生労働省「身体拘束ゼロへの手引き」に示された「禁止行為11項目」です。

基準省令第11条4項等で禁止の対象となっている行為
　　　　身体的拘束その他入所者の行動を制限する行為

UNIT 4　介護現場のリスク対応

■身体拘束禁止の対象となる具体的な禁止行為11項目

　介護保険指定基準において禁止の対象となっている行為は、

　「身体的拘束その他入所者（利用者）の行動を制限する行為」である。

　具体的には次のような行為があげられる。

①徘徊しないように、車いすやいす、ベッドに体幹や四肢をひも等で縛る。

②転落しないように、ベッドに体幹や四肢をひも等で縛る。

③自分で降りられないように、ベッドを柵（サイドレール）で囲む。

④点滴・経管栄養等のチューブを抜かないように、四肢をひも等で縛る。

⑤点滴・経管栄養等のチューブを抜かないように、または皮膚をかきむしらないように、手指の機能を制限するミトン型の手袋等をつける。

⑥車いすやいすからずり落ちたり、立ち上がったりしないように、Ｙ字型拘束帯や腰ベルト、車いすテーブルをつける。

⑦立ち上がる能力のある人の立ち上がりを妨げるようないすを使用する。

⑧脱衣やおむつはずしを制限するために、介護衣（つなぎ服）を着せる。

⑨他人への迷惑行為を防ぐために、ベッドなどに体幹や四肢をひも等で縛る。

⑩行動を落ち着かせるために、向精神薬を過剰に服用させる。

⑪自分の意思で開けることのできない居室等に隔離する。

ポイント❷

身体拘束がもたらす弊害を知る

1　身体的弊害

　入所者の関節の拘縮、筋力の低下、圧迫部位の褥瘡の発生や食欲の低下、心肺機能や感染症への抵抗力の低下等をもたらします。

　また、拘束により無理に立ち上がろうとしたり、柵を乗り越えようとするなど、事故の危険性がかえって大きくなります。

関節の拘縮

抵抗力の低下

筋力の低下

食欲の低下

圧迫部位の
褥瘡の発生

104

2 精神的弊害

利用者に不安や怒り、屈辱、あきらめ等の精神的苦痛を与え、人間としての尊厳を傷つけるだけでなく、自立も妨げます。

認知症を進行させ、家族にとっても、拘束されている姿は精神的苦痛と罪悪感を与えます。

3 社会的弊害

利用者の心身機能を低下させることは、結果としてＱＯＬの低下や医療的処置を生じさせ、それが医療費負担などの経済的な影響をもたらします。

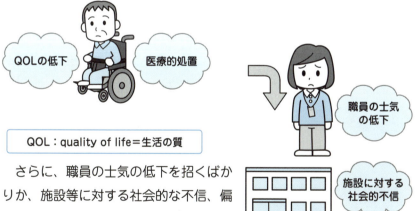

QOL：quality of life＝生活の質

さらに、職員の士気の低下を招くばかりか、施設等に対する社会的な不信、偏見を引き起こす恐れがあります。

また、一時的に始めてしまった拘束が、時間の経過とともに常態化するという悪循環を生み出します。

ポイント❸

身体拘束をせずにケアを行う基本原則を確認する

1 身体拘束を誘発する原因を探り、除去する

職員にとって困る利用者の行動を、行動障害（問題行動）と捉えるのではなく、入所前面接で得たさまざまな情報から、「なぜその行動をするのか」という理由を探ります（アセスメント）。

あわせて、利用者の身体的・精神的機能状態から、転倒・転落の危険度を探ります（リスクアセスメント）。

これらの2つの結果を根拠として説明した上で、施設のケアマネジャーの協力のもとに、拘束をせずに最大限のリスクを回避する予防策を入れ込んだケアプランを提示しましょう。

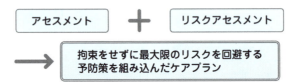

利用者のために真剣に取り組んでいる職員の姿勢は、拘束を希望する家族の気持ちも変えることができるでしょう。

2　5つの基本的ケアをきちんと行う

　介護の基本である5つの事柄、①起きる（寝食分離）、②口から美味しく食べる、③排泄する（おむつはずしをする）、④清潔にする（気持ちの良い入浴）、⑤活動する（アクティビティ）、をケアプランに入れ込んだ個別ケアを実施することにより、利用者や家族との信頼関係を築いていきましょう。

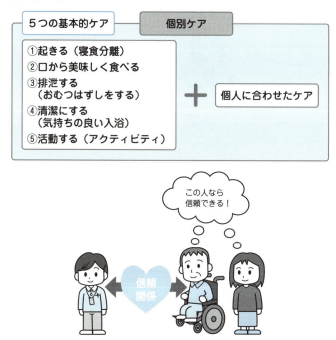

3　身体拘束をしないこと（または廃止すること）をきっかけに、サービスの質を向上させる

　身体拘束をしない、または廃止に取り組むことは、利用者の満足度を高め、職員の士気の低下を防ぎ、最終的には、施設全体の職員の意識改革とサービスの質を向上させるとともに、虐待防止の効果も期待できます。

UNIT 4 介護現場のリスク対応

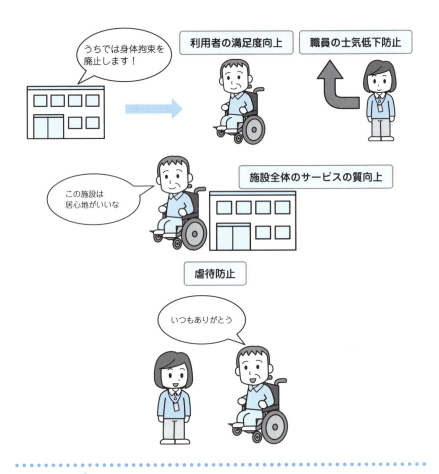

ポイント 4

「緊急やむを得ない場合」と判断する条件等を知る

　基準省令（第11条4項）で、「当該入所者又は他の入所者等の生命又は身体を保護するため緊急やむを得ない場合」には身体拘束が認められていますが、この場合には次のことが求められます。

> **基準省令第11条4項**
> 「当該入所者又は他の入所者等の生命又は身体を保護するため緊急やむを得ない場合」には身体拘束が認められる。

1．「切迫性」すなわち、命にかかわるか、「非代替性」すなわち、代替手段がないか、「一時性」すなわち、一時的か、の3つの要件すべてを満たすこと。

2．施設としてあらかじめルールを定めておき（身体的拘束等の適正化のための指針の整備）、身体拘束廃止委員会等のチームで「緊急やむを得ない場合」に該当するか慎重に検討する。

3．身体拘束の内容、理由、実施時間、期間、利用者の心身の状況等を、利用者や家族の理解が得られるように説明する（基準省令第11条3項）。また、それらを記録することが義務づけられている（基準省令第11条5項）。

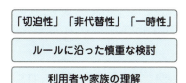

4．常態化しないように、拘束を解除しての観察や検討をし、身体的拘束等の適正化のための対策を検討する委員会を3か月に1回以上開催する。

5．委員会の結果について、全職員に周知徹底を図るとともに、身体拘束等の適正化のための研修を定期的に（年2回以上）行う。

（4．5．については、平成30年度改正により第11条6項として追加）
以上の5つです。

UNIT 4　介護現場のリスク対応

UNIT 4　介護現場のリスク対応
4　介護事故への対応

[事　例]

　職員の木村さんが食事介助をしていた入所者の池田さんが、あやうく食事をのどに詰まらせてしまうところでした。
　重度の嚥下障害のある池田さんには、以前にも同じようなことが起きています。

山口
「池田さんにはくれぐれも注意するようにと伝えていますよね。二度とこのようなことのないようにしてください」

木村
「気をつけてはいたのですが……」

[結　果]

　この食事中の「ヒヤリハット」があってから、木村さんのみならず他の職員も、入所者の池田さんの食事介助に尻込みするようになりました。

井上
「私、池田さんの食事介助はちょっと……」

松本
「私も……」

4 介護事故への対応

> 解　説

　介護の現場では、危機管理（リスクマネジメント）体制を構築し、入所者、利用者に安全な福祉サービスを提供するように努めています。しかしながら、同じような事故や、さらに、同一の入所者が相次いで事故を起こすこともあります。
　現場をあずかる介護リーダーは、このような状況をどのように改善していくべきかを検証していかなくてはなりません。

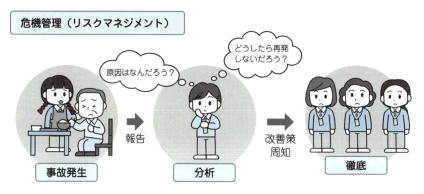

　「基準省令」には、「事故が発生した場合又はそれに至る危険性がある事態が生じた場合に、当該事実が報告され、その分析を通じた改善策を従業者に周知徹底する体制を整備すること」（基準省令第35条1項2号）と示されています。
　つまり、リスクマネジメントは、一職員の問題としての処理や一時的な改善ではなく、組織的な対策を組織内で体制化することが基本となります。

111

UNIT 4 介護現場のリスク対応

学習のポイント
本項で学ぶポイントをまとめました。確認後、次の項へ進みましょう。

- 事故予防
- 事故発生時の対応
- 事故報告と施設内での情報共有

ポイント 1

事故予防

　事故には至らなかったものの、一歩間違えれば事故に至る可能性が非常に高い出来事を、個人の胸の中に収めるのではなく書面という形で報告し、集計・分析することによって事故を未然に回避することが必要です。

　そのために、次のような方法があります。

○報告書「ヒヤリハットレポート」の活用

　特に新規採用職員には、事故になりそうになった事例（ヒヤリハット）について積極的に報告するように促しましょう。

　たとえば、1人での移乗の際に転倒しそうになったという報告によって、次からは2人で対応するなど、さまざまな対策を考えることができます。

　「ヒヤリハットレポート」を活用して、職員の不安を取り除くように配慮しなくてはなりません。

事故を未然に回避

書面で報告

4 介護事故への対応

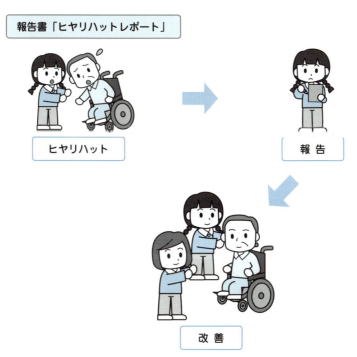

○「アセスメントシート」と「施設サービス計画書」の連動

　事例の場合は、入所前の事前面接記録等の情報（心身の状態、疾病等）から、多職種協働によるアセスメントを行い、施設サービス計画書と連動させることが必須です。

「アセスメントシート」と「施設サービス計画書」

アセスメントシート
・のどが悪い
・牛乳が嫌い
・足が悪い

施設サービス計画書
・食事は特別メニュー
・ベッドの高さは低く
・車いす必須

アセスメントとは？→事前評価のこと

目的は損失を小さくすることです。たとえば、食事形態の変更や一般浴から特別浴槽への変更、ベッドの高さの変更などが挙げられます。

〇リターンとリスクを評価し、リスクがリターンより小さいことを確認

介護上でのリスク（事故）を恐れて完全に危険を回避すると、サービス提供そのものが行えなくなります。

また、リスクを低減しようとして利用者の特定行動を安易に禁止すると、サービスの品質（リターン）を低下させる恐れがあります。リスクマネジメントでは、個人の尊厳を保持し、サービス品質の向上につなげることが重要な視点となります。

つまり、利用者に対しては、侵害されることとリスクを回避することの双方を考えなくてはなりません。行動の抑制、禁止のみを捉えるのではなく、リスクとリターンをバランスよく保つことが肝要となります。

そのためには、アセスメントを前提に、利害関係者（家族）への情報公開を進め、「できること」と「できないこと」を明確にすることが必要です。

また、利害関係者には、契約の際に課題分析の内容や、予測できそうな事態とその対応などをきちんと説明しておくことも必要です。

常日頃から家族に状態の変化を随時報告し、連携を取ることによって信頼関係を築き、本人と家族の双方の情報からリスクを最小限に抑えるようにすることが重要です。

4 介護事故への対応

ポイント 2

事故発生時の対応

○事故発生時の対応とシミュレーションの必要性

　事故が起きた場合には、受傷事故の被害拡大を防ぐために、まずは迅速かつ適切な対応が必要です。

　事故が起きても慌てずに対応できるよう、どのような状況が発生するかを想定した日頃からの準備と職員訓練が必要です。

　事例のように誤嚥や窒息事故が発生したと想定して、以下の項目を確認しておきましょう。

日頃からの準備と訓練が大切

事故発生

タッピングの方法は習得していますか？

吸引器はどこにありますか？使い方は分かりますか？

救急車の要請は誰が行うのか決まっていますか？

115

○組織内における責任と権限の明確化と情報伝達経路の確保

組織内における決定、指示命令など組織体制の構築が重要です。

事故発生時に口頭による上司への伝達と、利害関係者への連絡は誰がするかなどを明確にしておかなくてはなりません。

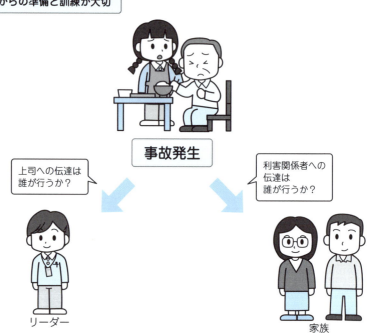

4 介護事故への対応

ポイント3

事故報告と施設内での情報共有

　事故報告書やヒヤリハットレポートをもとに「内容確認」「原因の特定と分析」を行い、問題を早期に発見し、事故が発生しないよう未然に「予防処置」を図ること、また、不幸にも事故が発生した場合にはその原因を除去する「是正処置」に努めなくてはなりません。

　目的は、同じことを再び繰り返さないことです。

同じ事故を二度と起こさないために・・・

　　予防処置　　　　　是正処置

〇分析方法

　分析方法は次のとおりです。

＊定量分析：各種数値に基づく現状分析、組織における事故の傾向を把握する。

＊定性分析：潜在的要素を把握するための分析、事故の背景や発生要因の検討→修正→防止

＊事故要因分析（3要因分析）

　環境要因：事故発生場所の特定および危険要因の把握

　本人要因：利用者そのものの危険要因の把握→個別の課題分析

　職員要因：当事者である職員の状態の把握

　　　　　　職員の介護技術の習熟度、介護に対する態度や考え方の影響

UNIT 4 介護現場のリスク対応

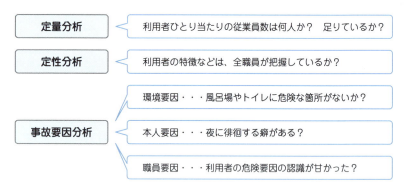

○是正処置、予防処置計画の立案

事故の発生確率や損失を軽減するためには、リスクへの気づきや迅速な対応が重要です。

そのためには、一時的な改善ではなく、PDCAマネジメントサイクルが適切に稼動することや、組織における「体制づくり」が必要です。事故要因の分析を行い、是正処置、予防処置計画を立案します。

また、立案した計画に沿った活動の効果の確認、つまり「評価」を行い、是正できているか検証しなくてはなりません。

[PDCA マネジメントサイクル]

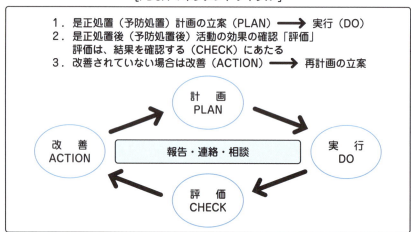

（注）「報告・連絡・相談」は、略して「ほうれんそう」と呼ばれます。

118

UNIT 5

法制度理解

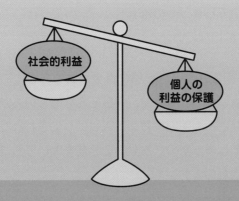

UNIT 5　法制度理解

1　個人情報保護

事　例

　新任介護リーダーの山口さんのチームには、新人職員の橋本さんと木下さんがいて、新人教育指導も任されていました。
　ある日、山口さんは、寮母室で休憩中の橋本さんと木下さんの会話を偶然耳にしてしまいました。その会話の内容は次のようなものでした。

 橋本 「ねえねえ木下さん、昨日入所した伊藤さんのことだけど、私、担当のケアマネジャーさんがご家族と電話で話しているところを偶然聞いてしまったのよ」

 木下 「えっ、なになに」

　「どうも伊藤さんには多額の借金があるらしくて、取立てにあってみたいなの。それで、今日そんな感じの人が面会で訪ねてきて、伊藤さんの部屋を教えてほしいって言われたので、怖くなって教えてしまったの。ちなみに名前を聞いても『知人』としか答えなかったのよ」

1 個人情報保護

- 「その人が本当に取立て屋かどうかわからないわけだし、面会者が来れば入所されている方はうれしいでしょうから、まあいいんじゃない」
- 「でも心配になって、後から担当のケアマネジャーさんに確認したら、面会は家族以外は断ってほしいという希望があったみたいなの」
- 「えっ、……」

[結　果]

橋本さんと木下さんの話を聞いていたリーダーの山口さんは、橋本さんにも木下さんにも、個人情報の保護についての認識と理解が不足していることを痛感しました。

[解　説]

橋本さんのとった言動は正しくありません。また、木下さんの認識も不足しています。

この事例のような場合も、個人情報の取扱いに関わるケースといえるからです。

121

伊藤さんのように特殊な事情等がある場合には、伊藤さんに面会があった場合にはどのように対応すればよいかということを、事前に本人および家族としっかり話をしておくべきでしょう。

木下さんのように安易に、「面会があると喜ぶから」と考えるのは、場合によっては重大なトラブルに発展することもあります。

こういったことがないように、通常は入所時

に、このような注意事項を関係者の面談や申送りなどで確認し、職員の共通認識としておくべきものなのですが、この事例の場合は連絡が行き届いていなかった、ということになるでしょう。

1 個人情報保護

「個人情報の保護に関する法律」(平成15年5月30日法律第57号)(以下「個人情報保護法」という)を基礎として説明していきます。

学習のポイント
本項で学ぶポイントをまとめました。確認後、次の項へ進みましょう。

- 法(個人情報保護法)の目的(第1条)
- 個人情報とは何か(第2条)
- 基本理念(第3条)
- 個人情報等の第三者への提供(第23条)
- リーダーが知っておくべき事項

ポイント 1

法(個人情報保護法)の目的(第1条)

　個人情報の適正な取扱いに関する事項を定めることにより、個人情報の有用性に配慮しつつ、個人の権利利益を保護することを目的としています。
　その主体は個人情報を取り扱う事業者であり、その事業者に対し遵守すべき義務等を定めています。

123

UNIT 5　法制度理解

目的

個人情報の適正な取扱いに関する事項を定めることにより、
・個人情報の有用性に配慮しつつ
・個人の権利を保護する。

２つのバランスを考える

　もう少し簡単に述べるならば、個人情報を活用することによる社会的利益と、個人の利益の保護とのバランスを考えましょう、ということです。
　ここで誤解してはいけないのは、事業者に対して定められている個人情報の取扱い上の義務を国民一人ひとりが負っている訳ではない、ということです。ですから、この法律によって国民一人ひとりも規制されている、と考えるのは間違いです。
　しかし、個人情報取扱事業者は適切な対応をしなければいけません。

ポイント 2

個人情報とは何か（第2条）

　個人情報とは、生存する個人に関する情報で、その情報に含まれる氏名、生年月日その他の記述等により特定の個人を識別することができるもの、および個人識別符号が含まれるものをいいます。
　氏名、性別、生年月日等個人を識別する情報に限らず、個人の身体、財産、職種、肩書等の属性に関して、事実、判断、評価を表すすべ

個人情報とは

生存する個人に関する情報で、
・氏名、生年月日その他の記述等により、特定の個人を識別することができるもの
・個人識別符号が含まれるもの

・評価情報
・公刊行物等による情報
・映像、音声による情報

暗号化されているか否かを問わない

ての情報であり、評価情報、公刊行物等によって公にされている情報や、映像、音声による情報も含まれ、暗号化されているか否かを問いません。また、個人識別符号とは、マイナンバーや旅券番号、運転免許証番号などです。

ポイント3

基本理念（第3条）

個人情報は、個人の人権尊重の理念の下に慎重に取り扱われるべきものであることにかんがみ、その適正な取扱いが図られなければならない、とされています。

介護事業関係者は、利用者やその家族について、他人が容易に知り得ないような個人情報を詳細に知り得る立場にありますから、医療分野などと同様に個人情報の適正な取扱いが求められます。

UNIT 5　法制度理解

ポイント 4

個人情報等の第三者への提供（第23条）

(1) 本人の同意が必要

個人情報保護法では、個人データを第三者に提供する場合は本人の同意が必要です。

ただし、

① 弁護士会の照会など、法令に基づく場合、

② 災害時など緊急時など、本人の同意を得ることが困難な場合、

③ 児童虐待事例など関係機関との情報交換をする場合、

④ 国、地方自治体の業務遂行に協力する場合、

には、本人の同意を得なくても第三者に個人データを提供できるとされています。

ポイント 5

リーダーが知っておくべき事項

　個人情報保護法は、個人情報の適正な取扱いに関し、基本理念および政府による基本方針の作成、その他の施策の基本事項を定め、国および地方自治体の責務等を明らかにするとともに、個人情報を取り扱う事業者の遵守すべき義務等を定めています。

このうち、民間事業者の義務に関する規定は、2005（平成17）年1月から全面施行されました。さらに、2017（平成29）年5月には改正個人情報保護法が全面施行されました。

2003年5月　個人情報保護法成立・公布
・基本理念
・政府による基本方針の作成
・その他の施策の基本事項
・国および地方自治体の責務等を明らかにする
・個人情報を取り扱う事業者の遵守すべき義務

2005年1月　民間事業者の義務に関する規定全面施行

2017年5月　改正個人情報保護法の全面施行

個人情報保護法では、個人情報を事業活動に利用しているすべての者を「個人情報取扱事業者」として、個人情報の利用目的の明確化、適正な取得、本人に利用目的を明らかにすること、正確な内容の確保、安全管理、第三者への提供の制限等、種々の義務を課しています。

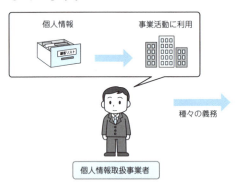

2015（平成27）年の法改正により、適用除外規定が撤廃され、小規模事業者も個人情報取扱事業者として、法令上の義務が課されるようになりました。介護・福祉関係事業においては、個人情報取扱事業者として、同等の措置を講じるよう努めなければなりません。

先に説明したとおり、介護・福祉関係事業者は、利用者やその家族に

ついて他人が容易に知り得ないような個人情報を詳細に知り得る立場にあるからです。

なお、厚生労働省では、「医療・介護関係事業者における個人情報の適切な取扱いのためのガイダンス」を作成しています。

必ず目を通しておくとよいでしょう。

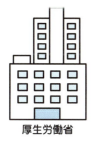

医療・介護関係事業者における
個人情報の適切な取扱いのためのガイダンス

厚生労働省

UNIT 5 **法制度理解**

2 高齢者権利擁護の知識

事例

　入所者の池田さんは最近、認知症の症状が出てきています。池田さんには息子さんと娘さんがいて、娘さんは毎週のように面会に来ています。

　ある日、新任介護リーダーの山口さんは、職員の松本さんが、滅多に面会に来ない池田さんの息子さんから、池田さんの年金が振り込まれる通帳がどこにあるのか教えろ、と言われて困っている場面に遭遇しました

息子　「父の預金通帳はどこにあるの？」

松本　子どもだから、通帳渡してよいのよね……？と思ったものの、「すみません、私では、わからないので、上司に確認させてください」

> 結 果

「リーダー、池田さんの息子さんからの申し出の件ですが、ご家族なら通帳をお渡ししてもよいのですよね」

「……」

> 解 説

　松本さんが池田さんの預金通帳をこの息子さんに渡してしまって、もし、息子さんが父親である池田さんの預金や年金を自分のために使ってしまったら、池田さんは利用料を払えない事態に陥ってしまうかもしれません。

　また、毎週のように面会に来る娘さんと施設の間でトラブルになる可能性があります。

　学習のポイント
　本項で学ぶポイントをまとめました。確認後、次の項へ進みましょう。

- ・入所者本人の財産を処分できるのは、入所者本人だけ
- ・成年後見制度とは
- ・成年後見制度のうち法定後見制度には、判断能力の程度に応じて、後見・保佐・補助がある
- ・成年後見制度の利用手続き

ポイント 1

入所者本人の財産を処分できるのは、入所者本人だけ

　入所者の預金などの財産は、入所者がその判断に基づいて使うものです。買い物をしたり、孫にお小遣いをあげるのも、入所者がその自由な判断で行うべきものです。

　たとえ、一緒に住んでいる家族でも、他の家族のお金を勝手に使って

UNIT 5 法制度理解

はいけません。したがって、息子さんに池田さんの通帳を預けるには、池田さん自身がそれを判断する必要があります。

この事例では、池田さんの判断能力が通帳を預けることの意味を理解できない程度であれば、池田さん本人の自由な判断・意思に基づいて、息子さんに通帳を預けると言ったのではない、ことが強く疑われるので、息子さんに通帳を渡すことはできません。

また、「このようなことがないように」と娘さんが通帳を預かると言っても、やはり、娘さんにも通帳を渡すことはできません。

ポイント 2

成年後見制度とは

　本人が自由な判断で財産を処分できない場合、第三者や親族が本人の財産を勝手に処分すると、本人の知らない間に財産がなくなり、生活が困窮することになりかねません。

　そこで、そのような判断能力の衰えた人を保護するための制度が、民法に基づく成年後見制度です。

　成年後見制度とは、判断能力の衰えた本人に代わって、家庭裁判所が選任する第三者が、本人のために契約、財産の管理・処分等を行うものです。

　成年後見制度には、法定後見制度と任意後見制度があります。

　法定後見制度とは、法律の定めによる後見の制度で、判断能力の状況に応じて制度を利用できます。

　任意後見制度とは、契約による後見の制度で、本人に十分な判断能力があるときに、あらかじめ後見の範囲と後見人を定めておくものです。

UNIT 5 法制度理解

成年後見制度
判断能力の衰えた本人に代わって、第三者が、本人のために契約、財産の管理・処分等を行うもの

― 法定後見制度・・・法律の定めによる後見の制度
　　➡ 判断能力の状況に応じて制度を利用可能

　　後見
　後見人 → 保佐　補助

― 任意後見制度・・・契約による後見の制度
　　➡ あらかじめ後見の範囲と後見人を定めておく

　後見人　　「何かあったらよろしくね」

　毎週面会に来る娘さんが後見人になって、池田さんの通帳を管理することになったのであれば、娘さんに池田さんの通帳を渡すことができます。

　また、将来、相続争いが生じるおそれがあるような場合には、弁護士

等の客観的な第三者を後見人に選任するよう裁判所に申し立てることもできます。

　この場合、池田さんの通帳を管理するのは弁護士などの専門職後見人なので、息子さんや娘さんが通帳を預かると言っても、渡すことはできません。

ポイント❸

成年後見制度のうち法定後見制度には、判断能力の程度に応じて、後見・保佐・補助がある

1　後見

　本人が自分の財産を管理・処分できない程度にまで判断能力を失っている場合は、後見の対象になります（民法第7条、第8条）。

後見人が付けられた場合、契約、財産管理・処分はすべて、後見人が本人に代わって行うことになり、本人が行ったそれらの法律行為は取り消すことができます。

ただし、後見人が付けられても、本人は日用品の購入や日常生活に関する行為は自分で行うことができます（民法第9条）。

2 保佐

本人の判断能力が著しく不十分であり、第三者の援助がなければ自分の財産を管理・処分できない場合は、保佐の対象となります（民法第11条、第12条）。

保佐人が付けられた場合、本人の財産の管理・処分などの重大な財産行為には保佐人の同意が必要となり、同意がない場合には取り消すことができます（民法第13条）。

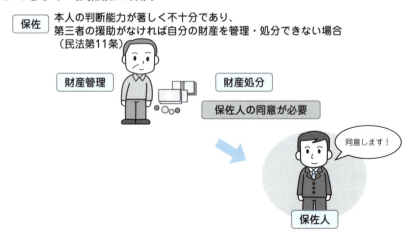

3　補助

　本人の判断能力が不十分で、本人の財産を管理・処分するのに第三者の援助を受けた方が本人の権利や利益の保護になるという場合は、補助の対象になります。

　本人は、不十分とはいえ一定の判断能力を持っているので、補助人を付けるか、どのような法律行為に補助人を付けるかについては、本人の同意が必要です（民法第15条、第17条）。

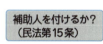

ポイント４

成年後見制度の利用手続き

　成年後見制度の利用手続きについて学習しましょう。

　まず、本人の住所地の家庭裁判所に「申立て」をします。

　申立てができる人は、本人、配偶者、４親等内の親族、検察官、後見人、後見監督人、市町村長などです。

UNIT 5 法制度理解

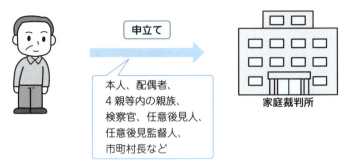

身寄りがいない場合には、本人または市町村長が申し立てることになります。

身寄りがいない場合には、
本人または市町村長が申し立てる
（民法第7条、第11条、第15条、
老人福祉法第32条、
知的障害者福祉法第28条、
精神保健及び精神障害者福祉に関する法律
第51条の11の2）

申立てにあたっては、申立書（家庭裁判所で入手できます）のほか、戸籍謄本、住民票等の書類、印紙、鑑定費用（10万円程度）等の一定の費用が必要となります。

家庭裁判所は、申立人と面接して申立書類の記載内容について具体的に確認し、場合によって本人と面接、本人の鑑定、親族への意向照会を行って、後見開始の審判をした上で、最も適任と思われる人を成年後見人等（後見の場合は成年後見人、保佐の場合は保佐人、補助の場合は補

助人）に選任するとともに、必要に応じ、成年後見人等を監督する監督人を選任します。

　成年後見人等には身近な親族が選ばれることが多いですが、親族がいない場合や親族を選任するのが不適当な場合には、弁護士や司法書士、社会福祉士等、第三者の専門家が選任されます。

　また、法人も認められており、社会福祉法人も選任されることが可能です。

家庭裁判所

申立書類の記載内容について具体的に確認

本人と面接、本人の鑑定、親族への意向照会

成年後見人等を選任　※必要に応じ、監督人を選任

身近な親族

第三者の専門家

社会福祉法人

　成年後見人等の役割は、「財産管理」と「身上監護」です。

　身上監護とは、本人の心身状態と財産状況に合わせて生活の場および医療・介護サービスを選定・契約し、本人の生活を見守ることです。

　財産管理とは、本人の所有の土地等の不動産や、貯金等の動産の維持・管理を行うことです。

UNIT 5 法制度理解

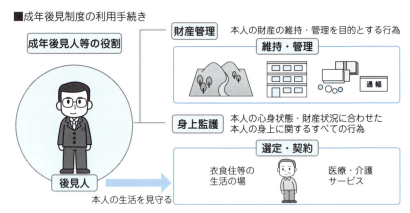

　成年後見人等は、成年後見業務を行った対価として、本人の財産から報酬を受け取ることができます。

　この報酬は、成年後見人等の報酬付与申立てにより、家庭裁判所が本人の資力や事務内容を考慮して付与の可否や金額を決定します。

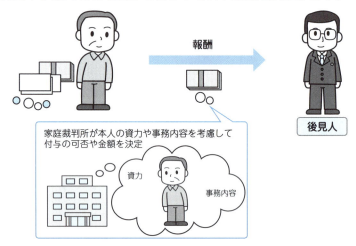

140

UNIT 5 **法制度理解**

3 虐待への知識と気付き

> 事　例

　新任介護リーダーの山口さんのチームには、新人職員の橋本さんと木下さんがいて、山口さんは新人の教育・指導も任されています。

その1

🧑 中島　「ちょっと、ちょっと……」

🧑 橋本　「はーい、どうかしましたか」

🧑　「トイレへ行く道がわからなくなってしまって……」

🧑　「大丈夫ですよ。私が一緒に行きますから」

　そう言って橋本さんはすぐにトイレへ付き添っていきました。
　しかし、実は中島さんはつい5分ほど前にトイレに行ったばかりで、トイレで用を足すことはありませんでした。橋本さんはそれを承知でトイレへ付き添ったのでした。

UNIT 5 法制度理解

その2

池田:「すみません……」

木下:「いま、洗濯物をたたんでいるので、後で行くから待っててね」

池田:「トイレへ行く道がわからなくなってしまって……」

木下:「さっき行ったばかりですよ。少し我慢しててね」

　結局、木下さんは池田さんのところへ行きませんでした。そして、池田さんは数分後まったく別のことをしていました。

　つまりトイレへ行く必要がなかったのです。木下さんはトイレの必要がないことを知っていたので、そのままにしていたのです。

結　果

　橋本さんと木下さんの言動を見ていた山口さんは、木下さんには認知症の理解が不足していることを痛感しました。

理解不足

解　説

　橋本さんのとった言動は正しいものといえますが、木下さんのとった

言動はいかがでしょうか？

「後で行くから待っててね」という言葉は、個別ケアを基本とする現在の介護概念からは、「希望に沿っていない」という評価になってしまいます。

もし木下さんが「いま洗濯物をたたんでいるので、あと1分ほど待っていてくださいね。すぐに行きますよ」というような表現をすれば評価は違ってきます。もちろん、実際に「行く」ことが前提です。

認知症の方は、その時その時が真剣なのです。たとえ、言った瞬間に忘れてしまっても、何度も同じことを言う場合があっても、です。

この事例は、少々厳しいようですが、言葉による虐待と評価されかねない事例です。

この他にも「無視する」「聞こえないふりをして前を通り過ぎる」など、本人の希望に沿っていない場合は虐待という評価をされてしまいます。

そうはいっても目の前の仕事に追われていて余裕がなく、また、経験不足もあいまって、知らず知らずのうちにこの事例のような言動をとってしまうことが多いわけですから、介護する立場からすればかなり厳しい内容でしょう。

しかし、介護職員は入所者に一番近いところにいる、ということを忘れてはなりません。また、時代の流れから、「言葉による虐待」という

UNIT 5 法制度理解

評価や「介護・世話の放棄・放任による虐待」という評価となることが多くなっていることを、常に念頭に置かなければなりません。

 学習のポイント
本項で学ぶポイントをまとめました。確認後、次の項へ進みましょう。

- 法（高齢者虐待防止法）の趣旨（第1条）
- 高齢者虐待の類型（第2条）
- 身体拘束と虐待
- リーダーが知っておくべき事例
- 在宅介護の場合の対応

ポイント 1

法（高齢者虐待防止法）の趣旨（第1条）

2005（平成17）年に成立した「高齢者虐待の防止、高齢者の養護者に対する支援等に関する法律」（平成17年11月9日法律第124号）（以下「法」という）第1条では、高齢者に対する種々の虐待が深刻な状況となっているという事実の認識に立って、高齢者の尊厳の保持という法律の理念から、高齢者虐待の防止、高齢者の養護者に対する支援等に関する施策を促進することによって高齢者の権利や利益、財産を守ることを目的としています。

> **法第1条**
> 1．事実の認識
> 　高齢者に対する種々の虐待が深刻な状況となっていること。
> 2．法の理念
> 　高齢者の尊厳を保持すること。
> 3．目的
> 　高齢者虐待の防止、高齢者の養護者に対する支援等に関する施策を促進することにより高齢者の権利や利益、財産を守ること。

❸ 虐待への知識と気付き

ポイント②

高齢者虐待の類型（第2条）

　高齢者虐待の類型として、次の5つが挙げられます。

> **法第2条**
>
> ①身体的虐待
> ②介護・世話の放棄・放任による虐待
> ③心理的虐待
> ④性的虐待
> ⑤経済的虐待

　この類型のなかで施設介護で多くみられるのは、②の介護・世話の放棄・放任による虐待と、③の心理的虐待です。

　在宅介護の場合は②と③に加えて、①身体的虐待と⑤経済的虐待も多くみられます。

　①～④までは児童虐待の場合とほぼ似ていますが、児童虐待の類型にないものとして、⑤の経済的虐待があげられます。

　これは、高齢者の財産、特に年金などを不当に処分したりすることです。往々にして養護者や親族等の生活や娯楽に充てられるケースが多いようです。

ポイント③

身体拘束と虐待

　介護関係者の間で大きな運動となったものが「身体拘束の廃止」です。厚生労働省では「身体拘束ゼロ作戦」を推進しています。

　施設サービスの提供に当たっては、入所者や他の入所者の生命・身体を保護するため、緊急やむを得ない場合を除き、身体拘束等の入所者の行動を制限する行為を行うことはできません。

145

UNIT 5　法制度理解

　緊急やむを得ず行う場合には、その態様・時間や入所者の心身の状況、理由を記載します。

　現在はいわゆる3つの要件、すなわち、①命にかかわるか、②代替手段がないか、③一時的か、を満たす場合には、真にやむを得ない場合にのみ最小限度の身体拘束ができます。

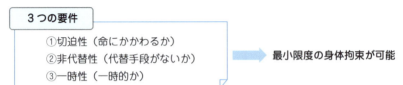

3つの要件
①切迫性（命にかかわるか）
②非代替性（代替手段がないか）
③一時性（一時的か）
　　　　➡　最小限度の身体拘束が可能

　緊急やむを得ず行う場合の手段を、運営規定に定めておくことが望ましいです（身体拘束について詳しくはUNIT 4 - 3を参考にしてください）。

ポイント④

リーダーが知っておくべき事例

　リーダーが知っておくべき事例をいくつか紹介します。

1　頻回コール者に関する事例

　いわゆる頻回コール入所者はどのフロアにもいます。

　時間的には夜間に起こることが多いのですが、特に若手の介護職員に対しては、それを前提として職務に当たる必要性をしっかりと事前教育することが大切です。

　頻回コール入所者だからといって対応せずにいると、1時間後に行ってみたら失禁だらけだった、便だらけだっ

頻回コール入所者

3 虐待への知識と気付き

た、ということは十分に考えられます。

2　ＰＨＳに関する事例

　ルーティンワークに追われるため、ナースコールと連動しているＰＨＳ電話機の電源を切ってしまうケースがあります。

　これではナースコールがまったく届かなくなり、大変危険な状況になります。

　ルーティンワークは大切ですが、介護の仕事は本来、人としてあるべき姿があって、次に仕事があるのです。

　仕事が目的になってはいけないということをリーダーはしっかりと指導・教育しなければなりません。

　また、ルーティンワークについて現場全体で検証や見直しをすることも大切です。

3　ポータブルトイレに関する事例

　入所者がポータブルトイレを使う場合、想像以上に時間がかかります。入所者がポータブルトイレで用を済ませるまでの間に、別の仕事をしてしまおうとして、つい戻るのを忘れて、30分も座らせたままになったというケースもあります。

UNIT 5 法制度理解

ポータブルトイレは通常の備え付けトイレと異なり、設置強度も弱く、途中何が起こるかわかりません。そのあたりを十分に指導・教育しておく必要があります。

ポイント 5

在宅介護の場合の対応

法（第9条）では、通報・届出について定められています。

法第9条 通報・届出について

在宅介護の場合、たとえ虐待を受けていたとしても、その高齢者は、「家族に迷惑をかけているから」といった思い込みで、訪問者等には、「自分は虐待を受けていない」と言うことが多いものです。

民生委員や施設・自治体の担当者が訪問して顔にあざを発見した場合でも、「自分で転んだ」などと言って虐待の事実を否定したりします。

3 虐待への知識と気付き

しかし、時として重大な事態に陥ることがありますから、虐待を受けたと思われる高齢者を発見した場合には、慎重に確認した上で速やかに市町村に通報しなければなりません。

そして、その高齢者には、養護者から虐待を受けた場合は届出をすることできちんと保護される、ということをよく理解してもらうことが大切です。施設・自治体の担当者は、高齢者は法によって守られている、ということを関係者によく理解してもらう努力が大切でしょう。

また、法（第11条）では、立入調査についても定められています。

この立入調査が実施されることになった場合、市町村長の権限によって調査員が訪問してもなかなか居宅内に入れてもらうことができず、調査することが困難な場合があります。

児童虐待における立入調査では、親の抵抗が強かったために立入調査がきちんとできず、悲惨な結果となってしまったケースが過去にたくさんありました。

現在は立入調査権限が強化され、重大な結果になる手前で保護できることが多くなってきましたが、まだ十分ではありません。

高齢者虐待の場合でも、この立入調査は非常に重要で、迅速かつ適正に実施されることが大切です。

注意しなければならないのは、この立入調査の権限は犯罪捜査のために認められたものではなく、高齢者保護のために行使される権限であることです（法第11条第3項）。

監修・執筆者一覧

■ 監修　介護サービスの人材育成研究会・リスクマネジメント部会

代表　増田　雅暢（東京通信大学教授・増田社会保障研究所代表）

　　　桑原　哲也（社会福祉法人桑の実会本部理事長）

　　　田畑　誠司（学校法人仙台北学園理事）

　　　堀田　慎一（一般社団法人国際福祉医療経営者支援協会代表理事）

　　　湯川　智美（社会福祉法人六親会常務理事）

■ 執筆者

増田　雅暢（東京通信大学教授・増田社会保障研究所代表）

　　　　　　　　　　　　　　　　　　　　　 UNIT1-1、UNIT5-1

堀田　慎一（一般社団法人国際福祉医療経営者支援協会代表理事）

　　　　　　　　　　 UNIT1-2、-4、UNIT2-1、-2、UNIT3-1、-2

綱川　晃弘（人事コンサルタント・社会保険労務士）　　　　　　 UNIT1-3

小野寺敦志（国際医療福祉大学大学院准教授）　　　　　　　　 UNIT2-3

平柳　美子（社会福祉法人桑の実会康寿園グループホーム輝ホーム長）…　UNIT3-3

石塚　清和（社会福祉法人桑の実会レジデンシャル小手指Sakura副施設長）

　　　　　　　　　　　　　　　　　　　　　　　　　 UNIT3-4

湯川　智美（社会福祉法人六親会常務理事）　　　　　　 UNIT4-1、-4

助川未枝保（社会福祉法人六親会船橋三山・田喜野井地域包括支援センター センター長）

　　　　　　　　　　　　　　　　　　　　　　　　　 UNIT4-2

萱津　公子（長野大学社会福祉学部特任教授）　　　　　　　 UNIT4-3

田畑　誠司（学校法人仙台北学園理事）　　　　　　 UNIT5-1、-3

真下美由起（伊井・真下法律事務所・弁護士）　　　　　　 UNIT5-2

※所属・肩書は2019年1月現在のものです。

サービス・インフォメーション

――――――――――――――――― 通話無料 ―――――

① 商品に関するご照会・お申込みのご依頼
　　　　　TEL 0120 (203) 694／FAX 0120 (302) 640
② ご住所・ご名義等各種変更のご連絡
　　　　　TEL 0120 (203) 696／FAX 0120 (202) 974
③ 請求・お支払いに関するご照会・ご要望
　　　　　TEL 0120 (203) 695／FAX 0120 (202) 973

●フリーダイヤル（TEL）の受付時間は、土・日・祝日を除く
　9:00～17:30です。
●FAXは24時間受け付けておりますので、あわせてご利用ください。

改訂版　すきま時間で学ぶ
介護リーダーのリスクマネジメントハンドブック

2019年3月20日　初版発行

監　修　　介護サービスの人材育成研究会・リスクマネ
　　　　　ジメント部会

発行者　　田　中　英　弥

発行所　　第一法規株式会社
　　　　　〒107-8560　東京都港区南青山2-11-17
　　　　　ホームページ　http://www.daiichihoki.co.jp/

ブックデザイン　BUFFALO.GYM

介護リスクB改　ISBN 978-4-474-06674-8　C2036 (6)